JN232224

たった1秒で

人を見抜く・自分を変える

色と性格の心理学

ポーポー・ポロダクション

日本文芸社

はじめに

ポーポー・ポロダクションから読者のみなさまに

こんにちは、ポーポー・ポロダクションと申します。

ポーポー・ポロダクションは、心理学や色彩心理を使い企業のコンサルティングや様々なコンテンツを作る仕事をしている企画事務所です。脳科学、行動経済学、ゲーム理論など複数の学問を横断的に使い、論理的な背景を持った楽しいコンテンツを作ることを得意としています。

色が心に及ぼす影響を研究する色彩心理の分野では様々な書籍を出版したり、企業の商品開発などに携わっています。色は私たちの身近にありますが、実はとても不思議で強い力が隠されていることはまだあまり知られていません。

私たちは知らない間に、色によって無意識に動かされていることもあります。色を通して人の心の中を見たり、人を動かしたり、自分の性格を変えたりすることも可能です。

世界には色と性格について研究している研究者が複数います。本書はそのデータに加え、ポーポー・ポロダクションが独自で行なってきた長年の研究データを加えた「色と性格」の本です。ものの作りやデザインの最前線で得たデータも加味しています。さらにそこから、人間関係に役立てたり、自分を変えたりする方法をわかりやすくまとめています。

また色の単色の解説にとどまらず、理論に基づいた色の組み合わせの活用法にもふれています。色と色の組み合わせには、人が心地よいと捉える調和理論があります。こうしたものを身につければ「センス」というあいまいで都合のよい言葉に振り回されなくてすみます。

本書はゆるくまとめた軽い本に見えますが、実はその根底には理論と根拠をベースにしっかりと積み上げている一冊でもあります。


色は複雑な効果を持ち合わせ、コントロールが難しいのも事実です。使う面積の比率や組み合わせで実に複雑な効果を生み出します。色はとても複雑ですが、だからこそおもしろいともいえます。

本書を通して、そんな色のおもしろい効果と力をご理解いただけたら幸いです。

多くの人に色に興味を持ってもらい、色を自由に使ってもらえることを願ってやみません。

また本書では、色の世界の案内人として「イロガミサマ」や「色神《しきがみ》」といったキャラクターが登場します。色神たちは色の使い方について解説してくれるだけでなく、色の秘術もたくさん紹介してくれています。

さっそく色と性格のおもしろくて不思議な世界に足を踏み出してみましょう。

プロローグ

「色はカミサマが作っているって、知ってるか？」

久しぶりに帰省した実家で、ばあちゃんが急に変なことをいいだした。ぼくは「ついにボケたか」と思って疑わなかった。

ぼくのばあちゃんは高齢ながら、昭和初期から洋服のデザイナーをしていただけあって、いつ会ってもオシャレに抜かりがなく、「おばあさん」というイメージがなかった。ぼくが小さい頃から、そのハイカラなセンスで、おもしろい話をたくさん聞かせてくれた。

そんなばあちゃんを前に、ぼくはついつい会社やプライベートで人間関係がうまくいっていないと愚痴ってしまった。話してもどうしようもないことをいったなと思っていたら、突然ばあちゃんが変な言葉を口にしたので、ぼくは動揺していた。

「えーと誰？」

「色のカミサマ。イロガミサマだ」

ばあちゃんは表情を変えないでそう答えた。

「色はイロガミサマが作っている。もちろん色だけではない。色の性質に応じた性格を人間に振り分けることもされておる」

ぼくは混乱しながらばあちゃんの言葉を聞いていた。

「お前とうまくいっていないという人たちは誰なんだ？」

突然、人間関係の話に戻ってきた。

「えーと、部長や課長とは信頼関係が築けてないし、同僚や後輩ともあんまり打ち解けてないな。みんなライバルみたいな感じ。あとは……彼女とも最近はあまり仲よくできてないかな」

「ずいぶんと多いな」

ぼくは恥ずかしくて作り笑顔をするしかなかった。

何しろぼくはいろいろな人と会って話すのが憂鬱で仕方なかった。


「そうだな。たとえばその課長の好きな色は何色だ？」

「えっと赤かな。前に赤が好きっていっていた気がするよ」

「赤が好きな男はよくいえば情熱的で正義感が強い。悪くいえば自分勝手で感情的」

「ああ、そうかも」

「行動力があるのはいいが、物事を深く考えないで行動してしまうこともある」

確かにその通りだった。ばあちゃんがいった性格は課長の性格そのものだ。課長の思いつきの行動に、いつもぼくは振り回される。ばあちゃんはちょっとだけドヤ顔を見せて、ゆっくりとお茶を飲んだ。

「アタシが思うに、たぶんその課長という人はお前のいつも冷静なところがおもしろくないんだろう」

ぼくには少し心当たりがあった。確かに課長に何度か「もっと情熱を持って仕事をしろ」といわれたことがある。

「うん……そうかもしれない」

「人の性格も実は色によって管理されていることがある。自分で好きな色だと思っている色は、他の力によってそう思わされているともいえる」

「それが、色の神様という話？」

ばあちゃんはゆっくりと微笑《ほほえ》んだ。

「そういうことだ」

なんとも変な話だ。変な話だけどおもしろいとも

思った。

「行動的で感情的だから赤が好きともいえる。赤が好きだから行動的で感情的ともいえる」

「へぇーおもしろい」

「おもしろいだろう。おもしろいだけでなく、色を使いこなせれば人間関係も円滑にできる。課長だけでなく、他の人ともそうだ。色には不思議な力がある」

そういってばあちゃんはゆっくりと立ち上がり、押し入れからごそごそと何かを取り出してきて机の上に置いた。

それは雑誌ほどの大きさの桐の箱だった。周囲に木の香りがうっすら漂う。

「中を開けてみな」

ばあちゃんに促され、ぼくは桐の箱をゆっくりと開けた。

スマホぐらいの大きさの半紙が何枚も重なって入っている。墨で絵や模様が描かれている。一番上はウサギのようなヒツジのような不思議な絵だった。その下は何かのお札のようにも見えた。

「色神札だ」

「しきがみふだ?」

「色神《しきがみ》とは色を司るイロガミサマの小さなしもべたちのことだ。陰陽師が使う『式神』『識神』とはちょっと違う。この札は色神を呼び出すものだ」

「イロガミサマという色の神様に、シキガミというしもべ……？」

　なんとも信じがたい話だった。

「そして色神は人の心に住んでいる。その課長というのは赤の色神が心の中にいる。イノシシのようなまっすぐ前に進む色神だ」

「えっ？　そ、そうなの？」

「そうだ。お前の中にもいるぞ。保守的で、よくいえば謙虚な青の色神がな」

「ええっ」

　どうもにわかには信じられない話だった。ただボケたばあちゃんの作り話にしてはできすぎかもしれない。もし本当にボケて話しているなら相当に重篤だ。

「アタシが昔、洋服のデザイアーだった頃、何度もこの色神札に救われた。色神札は色神を呼び出す道具だ。この札はお前にやる。色を通して、お前を救ってくれるだろう」

　ばあちゃんが「洋服のデザイアー」なんていうから、洋服に「欲望」を持ってどうするんだ

と心の中で突っ込んでいて頭に入らなかったけど、とても不思議なことをいわれた気がする。

「お前の夢はなんだ」

最近、そんなことを考えたことがなかった。

「人間関係も仕事もうまくいって、ストレスのない毎日を過ごしたいな（あとモテたいし、お金もほしい）」

「お前がその夢を本当に望むなら、色神がお前を助けてくれるだろう」

ぼくは半信半疑で箱を受け取ったが、この箱が自分の人生を大きく変えるものになるとは、そのときは夢にも思わなかった。


ぼくは実家から一人暮らしの部屋に戻ってきた。明日からまた元の生活に戻らなくてはいけないと思うと憂鬱だった。

ふとばあちゃんからもらった桐の箱の存在を思い出してリュックから取り出す。部屋の中に木の香りが漂う。ひとつ深呼吸してぼくは蓋を開け、中からお札を取り出してみた。

一番上の紙は白紙だった。

ぼくは「あれ？」と思った。確かばあちゃんの部屋でパラパラと見たときには白紙はなかった。

「そうだ、ウサギがいない」

ばあちゃんの部屋で見たときにはあった、ウサギのようなヒツジのような絵の紙がなかった。

「ここだよ」

突然、部屋の中で声がした。ぼくはハッとして部屋を見回した。ぼくのすぐそば、足元に小さな白い生き物がいた。

「ウサギ……？」

しかも二本足で立ち、ピンクの蝶ネクタイまでしめている。

「ウサギじゃないよ。ぼくはイロップイヤー。優秀な色神執事《しきがみしつじ》さ。色神と人間を結ぶものだよ」

「ヒツジ？」

「執事！」

丸い顔と鼻、そして長く垂れた耳。確かにロップイヤーという種類の垂れた耳のウサギにしか見えない。でも耳の横にヒツジの角みたいなものもある。

「あ、も、もしかしてお札の……」

「そう。あそこから出てきた」

イロップイヤーという生き物は桐の箱を指差していた。

「ど、どういうこと？」

「ぼくたちのいる世界は赤、青、黄、緑、さまざまな色彩で溢れている。自然の世界に目を向

ける と草、花、空、水、土にも色があるんだ。人間はいつの時代にも色に包まれて生活してきた。この色はイロガミサマによって作られ、人間たちはその色の影響を大きく受けて生きている。色は人間を動かす力を持ち、人間は色を求めてきたんだ。人間の歴史の陰には色神アリってね」

「そ、そうなの?」

なんとも信じがたい話だった。

「そうさ。たとえばナポレオンは自分の好きな色に暗殺されたともいわれているでしょう?」

「えーえっそうなの?」

「じゃあ紫がなんで『高貴な色』と呼ばれているかは知っているよね?」

「……」

「しょうがないな、まずキミには色の不思議な力の話をしてあげないといけないようだね」

そういってイロップイヤーという変な生き物はぼくの前に立ち、色の解説をし始めた。口調とは対照的にちょっと嬉しそうな顔をしていた。

CONTENTS

2章 人を見抜く、人を動かす色の心理術

3章 色のチカラで自分を変える

不思議な色のチカラ ❶

「歴史」に隠された色の秘密

○人の歴史は色の歴史

色には不思議な力があります。人の感覚や感情、ときには運命にまで大きな影響を与えることもあります。人の歴史は色の歴史といってよいほど、人と色は長く密接にかかわってきました。

特に「赤」には古い歴史があります。ラスコーの洞窟壁画（フランス）やアルタミラ洞窟壁画（スペイン）などには、赤い顔料が使われています。

また身体装飾としての赤の歴史も古く、35万年前には、人はすでに身体装飾に赤を使っていたとも推測されています。

悪魔が口から入ってこないように、口の周りに赤いものを塗る習慣もあったといいます。これが口紅の原型といわれています。**赤の強い色彩が魔《ま》除《よ》けとして機能**していたのです。

○英雄殺害の黒幕も色!?

ローマ帝国時代、紫は非常に高価な染料でした。わずか1グラムの色素を得るために数千個から一万個近くもの貝を必要としたのです。非常に高価な紫は王侯貴族の元で独占されていました。日本でも飛鳥時代、布を紫で染めるのは紫草の根を使い、膨大な時間と労力がかかり、位の高い人のみが許された色でした。紫の高貴なイメージはここからきています。

色は命にかかわることも。ナポレオンは室内装飾を緑で統一するほど緑を好んでいました。ナポレオンの死因は胃癌説などいろいろありますが、遺体から大量のヒ素が検出されました。このヒ素は緑の染料成分に使われていたため、**ナポレオンは自分の好きな色に殺されたとも考えられます。**

紀元前から使われる「色」は？

ラスコーやアルタミラの壁画には動物たちが赤をはじめ、黄色、黒などの鉱物顔料で描かれている

○ナポレオンの死因

ナポレオンの死後、体内からヒ素が検出された。パリスグリーンの染色成分からヒ素化合物が発見されたことから、彼はこのヒ素中毒で亡くなったという説も……。
その毒性から顔料パリスグリーンは殺虫剤や農薬にもなった

壁画を描く絵具として、魔除けなどの身体装飾として、紀元前から色と人の歴史は続いてきたんだ。英雄の運命にも「色」がかかわるなど、人の歴史や文化と色の関係は奥深いよ

不思議な色のチカラ ❷

色は人の「感覚」を狂わせる

○白いカップで飲むコーヒーは苦い？

色には人の感覚を狂わせたり、惑わせる効果もあります。たとえば「味覚」も色で変化してしまいます。

コーヒーを飲んだときに感じる味の濃さは、**器や容器の色によって変化する**ことがわかっています。海外の大学の実験では、青いカップで飲むと白や透明のカップよりも甘みを感じる一方、白いカップで飲むと苦みを感じやすいことがわかりました。これは白いカップで飲むと、コーヒーの苦みをイメージする茶色が視覚的に強調されるためです。

また白いお皿で苺ケーキを食べると黒いお皿より味を濃く感じたり、ピンクを見ると甘みが強調されるなどの研究結果もあります。

○色は「重み」や「時間感覚」も支配する

また「重み」の感覚にも影響を与えます。たとえば**白い箱よりも赤い箱は約1・7倍、黒い箱にいたっては2倍近く重く感じてしまいます**。スーツケースも汚れが目立ちにくくスタイリッシュなのでダークな色を選んでしまいがちですが、荷物が多い人は体感的に軽く感じるホワイト、水色、シルバー、ピンクがおすすめです。

さらに**色は「時間感覚」を狂わせることがあります**。赤い壁など暖色系の部屋にいると時間の流れがゆっくりに感じます。水色などの寒色系の部屋にいると時間の流れが早く感じます。

そのため、ファストフード店などは顧客の回転率を高めるために、暖色系の内装にしている店舗もあるのです。

「色」で感じ方が変わる？

白いカップは苦みがひきたつ

青いカップは「苦み」を緩和する効果があると考えられる

白は「苦み」「甘み」を強調するんだ

赤い照明、赤い壁の店内では時間の経過がゆっくりと感じるので、待ち合わせには向かないよ。遅れた場合、相手は長い時間待っていた感覚になっちゃうよ

知らないと損する「色とお金」の関係

○「緑」がお金を引き寄せる？

色の力は私たちの知らないところで財布のひもをゆるめています。

スーパーや量販店に使われる値札は、赤文字や赤背景が多く使われています。赤は視認性が高く遠くから目立つから……だけではありません。

店が損している「赤字」を連想させて、「買ったら得かもしれない」という感覚を直感的に刷り込んでいます。さらに赤には行動を促進させる効果もあります。

また、「緑を使うとお金持ちになれる」「緑は資金調達の色」ともいわれていて、資金が必要なところに注意が向く色です。欲望充足の働きもあり、**緑を見ているだけでお金が集まりやすくなる、**ともいわれています。

○5色のカラバリで「つい買ってしまう」

商品の色数によるトリックも実は知らないと損するような効果があります。カバンや雑貨などは、複数の色数で販売されることが多いと思いませんか？

あるテレビ局の販売データでは、**5色のバリエーションを作ると最も販売実績が上がったのです**。5つの色を見ることで「私だったらこの色かな」という気持ちが次第に「私はこの色がほしい」という気持ちに変化する心理があります。

たとえば3色展開では消費者のほしい色がないこともあり、反対に7色以上になると多すぎて選べなくなってしまう……色数として「5色のバリエーション」がちょうどいいのです。

不思議な
色のチカラ
③

「もうかる色」ってあるの？

赤い色は目立つだけでなく「(店側の)赤字＝安さ」を感じさせる効果も

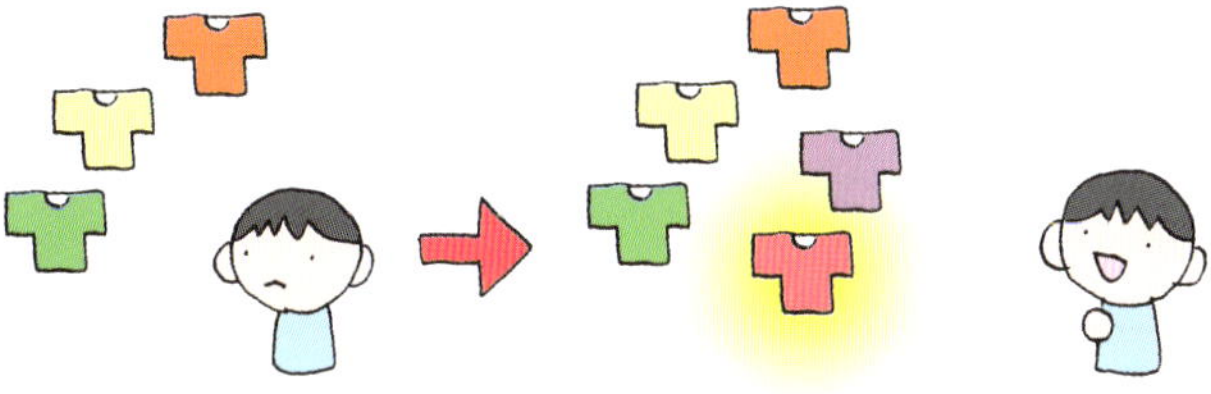

3色だと比較できず、好みの色を選べないことも

5色あると比較して、自分のほしい色が出てくる

「この色がいいな」という気持ちが次第に、「この色がほしい」という気持ちに変化してしまうんだよ。消費者側は「つい買いたくなる」色の効果に注意

やせる？ 眠くなる？「体」に影響する色

○快眠には「赤い」光と「青い」パジャマ

色は感覚だけでなく、実際に体に作用して影響を与えることがあります。**良質な睡眠は色をコントロールすることで得られる場合もあります。**白熱灯やろうそくの炎のような赤みのある光のほうが、気持ちを落ち着かせて眠りに誘う効果が期待できます。

寝る前に白い光を浴びてしまうと、脳が覚醒して睡眠を妨害することがあるのです。ですから寝室の照明には気を配りたいですね。

それでもなかなか寝つけない人には、寝具や寝間着などを青系のものにするのがおすすめです。青系の色は緊張感を取り除き、鎮静効果が期待できます。薄茶などのものを使いリラックス効果を期待する方法もあります。

○色のチカラでやせる？

健康の視点からすると、下着の色は白がよいでしょう。白い下着は体に必要とする光の波長を透過します。女性はピンクの服を身につけているとホルモンの分泌を促す内分泌系が活性化し若返り効果が期待できます。**青い服を着ると細く見えるだけでなく、本当にやせたという例もあります**（色の心理的な効果も影響）。

また私たちは皮膚でも色を見ています。リラックスしたい場所では、壁の色は一般的にオフホワイトかアイボリー、ベージュなどが好ましいでしょう。これらの色は筋肉緊張度を示すライト・トーナス値が低く、人の筋肉は弛緩してリラックスできます。和室などがなんとなくほっとするのはこうした色の効果も大きいのです。

「色」が人を眠りに誘う？

赤い光は人を眠りに誘う効果がある。青い色の寝具、青い色の内装は睡眠を誘発する

和室の色彩は、ライト・トーナス値（光や色に対する筋肉緊張度の数値）が低い。つまり、気持ちだけでなく肉体的にもリラックスできる

照明の光と寝具の色をうまく使いこなすと、ぐっすりと眠れるようになるはず。寝室の光は白熱灯、寝具や寝間着は青色がおすすめ

「性格」を変え、人生まで変える色

○淡い紫は女性らしい性格に変える色

ライラック、ラベンダーなどの**淡い紫の色を着ると、女性は普段よりも女性らしく振る舞おうとする傾向があります。**紫系の色は女性ホルモンの分泌を促す色です。女性らしい性格に変化させる色でもあります。

もっと根本的な気持ちを変化させることもあります。ロンドンのテムズ川にかかるブラックフライヤーズ橋は自殺の名所として有名でした。しかし黒く塗られていた塗装を明るい緑色にしたところ、自殺者が三分の一に減ったのです。実際に橋の上からは緑の色は認知できませんが、**明るく変わった外装が自殺者の心に影響を与えたことは強く想像できます。**現在は赤と白という、さらに明るく鮮やかな色になっています。

○ピンク効果でケンカが減った？

アメリカのカリフォルニア州にあるサンタクララ刑務所では、受刑者たちの喧嘩や暴動などトラブルが絶えませんでした。そこで凶悪犯収容部屋の無機質な壁の色を優しいピンクに変えたところ、受刑者同士の喧嘩や暴動の発生率が低下したのです。

ピンクには、人の心を優しく穏やかにする心理効果があるのです。自分の愛情に気がつき、人のことを大事にしたくなり、世話をやきたくなる色でもあります。

ピンクは庇護欲（誰かを守ってあげたいと思う欲求）を刺激する色でもあります。**好きな人やかわいがってもらいたい人の前では、戦略的にピンクの服を着るとよいかもしれません。**

不思議な色のチカラ ⑤

色でキャラまで変わる？

淡い紫の服は女性をより女性らしくする効果がある

ピンクの色は人の性格を穏やかに変える

アメリカでは刑務所の壁をピンクにしたり、囚人服にピンクを取り入れたりして、精神状態を穏やかにしようとする試みをしているんだ

色についての参考資料

色相、明度、彩度。
色を表現するには３つの構成要素が
あるとイメージしてください。

近い色を並べると
円形になるんだ。
これを色相環というよ

○色相

私たちが赤・黄色・青・緑と呼んでいる「色合い」のことを「色相」といいます。赤に黄色を加えると橙になり、黄色に緑を加えると黄緑になります。

○明度

明度は色の明るさを示すものです。明度は高くなると白に近づきます。赤の明度を高くしていくとピンクになるイメージです。

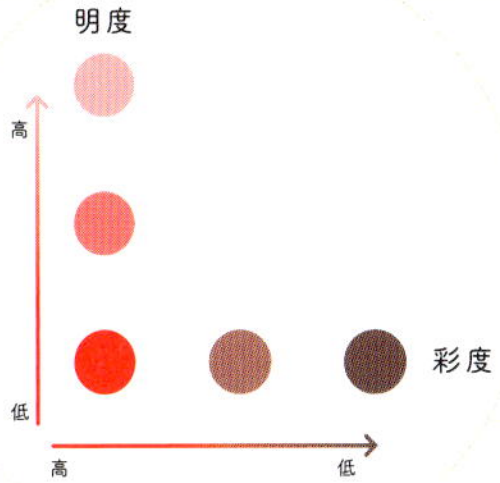

○彩度

彩度は色の鮮やかさ、強さを示すものです。彩度は高くすると純色に近づき、低くすると黒に近づきます。赤の彩度を低くすると茶色になるイメージです。

登場人物紹介

○主人公

人間関係で苦労している。人間関係を改善し、仕事やプライベートのストレスをなくしたいと考えている。イロップイヤーと出会うことで、色と性格に関する考え方に変化が。

○イロップイヤー

見た目はウサギ（ロップイヤーという種類）とヒツジの特徴をあわせ持つ不思議な存在。「色神執事」と呼ばれていて、色神（シキガミ）たちのまとめ役でもある。主人公に、色と性格にかかわる秘密を教えてくれる。

○イロガミサマ

色を作り出しているという色の神様。古くから人とかかわり合いを持ち、人に色を伝えてきた。色ごとに異なった個性的な神様がいるという。

○シキガミたち（色神たち）

イロガミサマのしもべたち。イロガミサマと人を結んだり、人をコントロールするために使われる。人の心の中に宿っていて、性格に影響を与えている。人にどんな色神が憑いているのかがわかれば、相手の性格を見抜くことも、よりよい関係を築くこともできる。

1章

色の好みと性格の関係

ある色を好む人は、同一の行動パターン、思考パターンを持つことがわかっています。ここでは好きな色を通して、その人がどんな性格なのかや人間関係や恋愛のクセ、向いている仕事について解説します。

色は性格を映す「鏡」

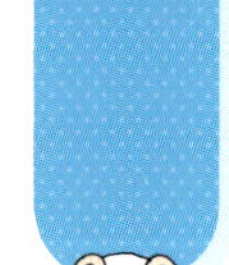

本書は世界の研究者による色と性格のデータにポーポー・ポロダクションが収集したデータを加えてまとめています。さらにイロガミサマの知見もお借りして、色と性格の関係をまとめました。

◉色と性格の密接な関係

人には好みの色があり、つい同じ色の系統の服を買い同じ色の雑貨を揃えてしまいます。なんとなく選んでいると思いますが、実はこの行動には意味があります。

人は心の中の状態、思考回路によって、特定の色を求めます。「色の好み」と「性格」には密接な関係があるのです。**好きな色がわかれば、それだけでどんな性格かがだいたいわかってしまいます。**

また時間と共に色の好みが変わることもあります。好みが変わったということは、性格が変化したともいえます。小さいところではその日の気分によって色を求める感情が変化します。色の好みは感情を含めた、その人の性格を映す「鏡」だといえるのです。

◉「色」「形」に影響を受けやすい人

色と性格を語る前に触れておきたいのは、人によって「色に影響を受ける人（受けやすい人）」と「形に影響を受ける人（受けやすい人）」がいるということです。

当然、色に影響を受けやすい人のほうが、色の好みと性格の関係が密接になります。**自分は色に影響を受けやすいのか、形に影響を受けやすいのか、その傾向を知ることは大切です。**

これを簡易的に調べる方法があります。左ページのテストを試しにやってみてください。

「好きな色」と「性格」の密接な関係

人にはそれぞれ異なった色の好みがある

「好きな色」と「性格」の間には密接な関係がある

あなたのタイプを調べるテストをするよ。リラックスして直感的に答えてね

下の絵柄を3秒見てください

見たら次ページへ

「色型人間」と「形型人間」テスト

◎色の影響を強く受ける人、受けない人

左ページを見てください。

前ページにあった絵は「A」「B」どちらだったと思いますか?

あまり深く考えず、直感的に答えてください。

前ページに戻って確認してはいけません。

さて、最初に見た絵は赤い丸でした。つまり左ページの「A」でも「B」でもありません。

これはある絵を見せられたときに色に反応して印象が残ったのか、形に反応して印象が残ったのかを調べるテストです。

【テストの結果】

「A」と答えた人　↓丸の形状に同一性を感じた、「形に強く影響を受ける」形型人間

「B」と答えた人　↓赤の色彩に同一性を感じた「色に強く影響を受ける」色型人間

これは簡易的なテストなので、この答えで完全にわかるわけではありません。色を変えると答えが変わることもありますし、黒いラインの輪郭を入れると答えが変わることもあります。

Aを選択した人を「形型人間」、Bを選択した人を「色型人間」と便宜的に呼びます。

ポーポーが行なった調査では形型人間は男性が多く、色型人間は女性が多いという結果になりました。

また見ている夢でも推測できます。夢がカラーの人は色型人間である可能性が高いといえます。普段から色を意識しない人は単色で夢を見ていると感じてしまうからです。

あなたはどちらのタイプ？

前ページで見ていた絵柄はどちらですか？

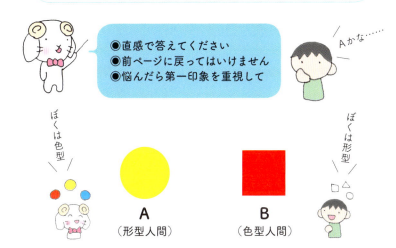

A　　　　　　B

◉直感で答えてください
◉前ページに戻ってはいけません
◉悩んだら第一印象を重視して

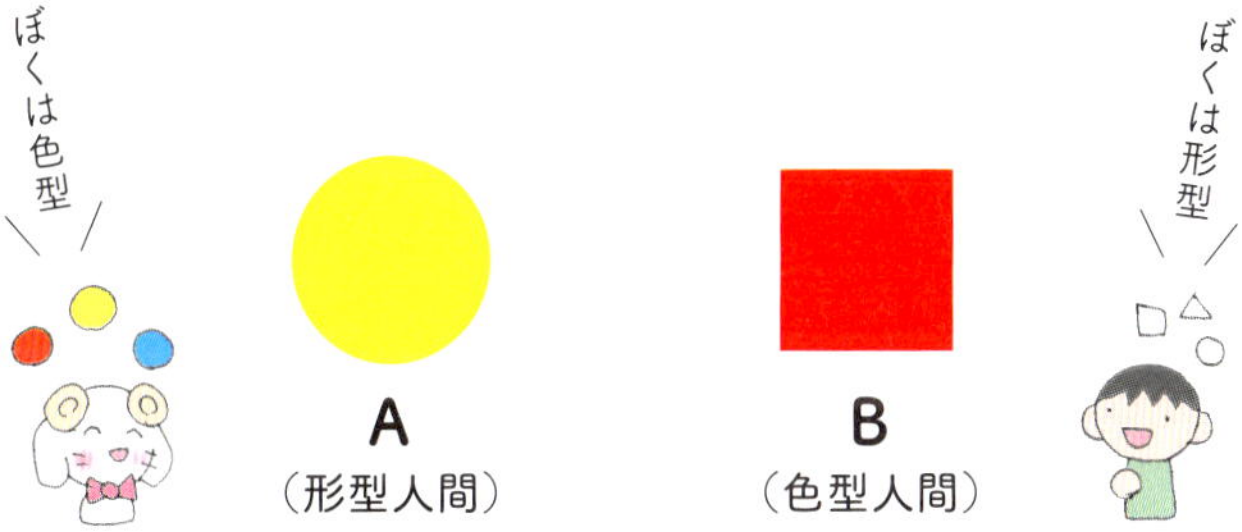

前ページで見た絵柄は赤い丸なので、同じものはありません
・Aを選んだ人は、形に強く影響を受ける「形型人間」
・Bを選んだ人は、色に強く影響を受ける「色型人間」
の可能性が高いといえます

「色型人間」と「形型人間」の性格

年齢によっても傾向が

色型、形型ふたつのタイプについて様々な研究が進んでいます。子どもの頃は色型人間が多く、九歳ぐらいになると形型の人間が増えてくることがわかっています。

色型から形型に移行する時期が早い子どもほど、知的発達が早いともいわれています。形型に移行しない色型の子どもは創造性豊かで革新的な大人になりやすいともいわれています。

また形型になった人もシニアになってくると色型に戻ってくることがあるようです。

色型人間の性格

色型人間に多い特徴としては、ファッションなどの流行に敏感で時代の流れに応じることができて、自己表現が上手なこと。**発想がユニークで感覚的な人といえるでしょう。気分屋の傾向があり、物事が長続きしないところがあります。**

そうした人の多くは色型人間であると推測でき、さらに強い刺激を求めて行動します。

形型人間の性格

形に反応する形型人間の特徴としては、社会性があり、組織の中で自分を活かすことができる人です。**堅実に行動する思考優先の理論派です。感情は安定していて、場の雰囲気に流されにくいタイプです。**世の中の刺激に、少し疲れてしまう人もいます。そうした人は形型人間の性質を強く持っているといえるでしょう。

2タイプによる性格の違い

【色型人間の特徴】

- 発想が感覚的
- 流行に敏感
- 飽きっぽい

【形型人間の特徴】

- 他者に流されない
- 理論派
- 刺激に疲弊気味

色型、形型と完全に分離されるわけでなく、混在していて、より色型もしくは形型に近いというパターンの人が多い

そもそも「性格」とは何なのか？

「性格」は「色の好み」とリンクする

そもそも「性格」とは何なのでしょう？　性格について研究している心理学者はたくさんいるのですが、研究者の数だけ定義があるといわれるほど、少々ややこしいものなのです。**誤解を恐れず「性格」というものを簡単に定義してしまえば、人の特徴を表すものといえます。**その人独自の思考傾向や行動傾向のこと、といえます。

つまり「どんな考えを持っているのか」「どんな行動をよくするのか」といった内面のことです。その人特有の思考パターン、行動パターンといえるかもしれません。

この性格は色の好みと実に密接に関係しています。本書では好みの色を通して自分や他人の性格を正しく知ろうと試みています。

一貫性と独自性

性格には一貫性と独自性というものがあります。**一貫性とはいつも同じ思考、行動パターンをするということです。**たとえば「神経質な性格」の人は何にたいしても神経質な反応をします。「おおらかな性格」というと、何に対してもおおらかです。特定のものだけに「神経質」「おおらか」でも、その人の性格が「神経質」「おおらか」とはいい切れません。

独自性とは、同じ状況になっても、反応は人それぞれということです。たとえば通勤途中の電車が遅れたとしても、乗っている乗客の反応は異なります。イライラする人もいれば、冷静にゆっくりと待つ人もいるでしょう。これは性格の独自性からくるところが大きいのです。

「性格」というものの正体

性格には一貫性と独自性がある

一貫性

会社の机をキレイにする人は

家の机もキレイにする

会社の机の上だけキレイでも、「キレイ好きの性格」の持ち主とはいえない

独自性

グラス半分の
ジュースを見て……

まだ半分もある
半分しかない

同じ状況に置かれてもとらえ方は人それぞれ。反応は人によって異なる

たとえば君の性格は……
・損得で考え、感情で動かない
・いつもどこかで冷めている
・人付き合いが苦手、
特にアツい人が苦手

ちょっと恥ずかしい

色の好みと性格診断

まずは「好きな色」を選んでみよう

44ページからは具体的に色が持つ特徴と、その色が好きな人の性格を分析していきます。

左ページの18色から好きな色を選んでください。

自分のずばり好きな色がないと思われる人もいるかもしれません。そんなときは好きな色に「近い色」を選んでください。

各色の該当ページでは、その色が好きな人の性格傾向を解説しています。

好きな色が複数の場合、変わった場合

好きな色が複数ある人は、性格の方向性が複数混在しているタイプの人です。人の性格はとても複雑です。複数の方向性が混在していても珍しくありません。「行動的な性格」といっても、そこに「冷静になる一面」「ひとりになると不安になる一面」などのいろいろな性格が加味されていることもあります。

好きな色が複数ある人は、もっとも好きな色から自分の主たる性格を知り、次に好きな色から自分の別の一面を知る。そうすることで自分の性格を正しく理解する手助けになります。

また色の好みは通常、年月とともに変化します。数年前までは青が好きだったけれど、最近は黄色が気になるといった具合に変わるものです。これは性格が変わってきたことを表しています。

過去の自分を知るためにも昔好きだった色をチェックしてみるのもいいでしょう。気づかない変化が見えるかもしれません。色の好みの変化と、性格の変化については186ページで詳しく紹介しましたので、チェックしてみてください。

あなたの一番好きな色は？

赤 P.44
藤色 P.106
ピンク P.50
橙 P.56
赤紫 P.102
白 P.110
好きな色に最も近い色を選んでみて
黄色 P.62
紫 P.96
黒 P.116
黄緑 P.68
紺 P.92
グレイ P.126
緑 P.72
水色 P.88
青緑 P.78
茶色 P.122
青 P.82
金 P.130
ぼくは青かな

診断の見方

44ページからの各色の解説では
7項目について解説しています。

○どんな色？

色の由来や歴史のなかでどう使われてきたかなど色の背景を説明しています。背景を知るとその色により愛着がわきます。自分の好きな色に誇りを持ってもらいたいという思いから、色の話をまとめています。

色名に「色」がつくものは何かの名前を借りた色名です。「水色」「茶色」などは「水」の色、「茶」の色という具合。

○恋愛

恋愛観や恋愛スタイルを分析して解説しています。性格から見える恋愛成就や出会いなどの参考になるようなポイントもまとめてみました。また、特に相性のいい相手が明確な場合は、「○色が好きな人」と相性◎などと紹介しています。

○健康

性格や気持ちは健康にも大きな影響を与えます。体の状態だけでなく、性格のどんな部分が健康に影響を与えるのかを考察しています。

○性格総合

ここでどんな性格なのか、基本的な性格として説明しています。性格を作っているのは心の奥に色神（シキガミ）がいると考えるとわかりやすいでしょう。色と性格の関係について、色神のイメージでざっくりと捉えることも可能です。私たちの行動はそんな色神に操られているのかもしれません。

○人間関係

仕事でもプライベートでも、人間関係がよいと何気ない日常も楽しく、逆に人間関係がうまくいっていないと毎日が辛くなってしまいます。ここでは性格からくる人間関係を分析しています。

○強みと弱み

性格診断で大事なのは、「へえーそうなんだ」で終わらせず、自分の強みを客観的に知り、それを伸ばしていくことです。この色が好きな人にはこんな優れた部分があるというトピックをまとめました。

人は不安からすぐに弱いところを直したいと思ってしまいます。その弱点が他者に迷惑をかけるようなものならすぐに直したほうがいいでしょう。

しかしそうでないものなら、最初にやるのは強いところを伸ばすことです。独自性を強化していってほしいと思います。色の好みを通していくつかに分類していますが、性格は唯一無二です。あなただけの大事な個性を伸ばしてください。

○仕事

仕事面の傾向を分析しています。具体的な職業例を出しつつ、性格傾向を活かせる仕事の一例という視点でまとめています。

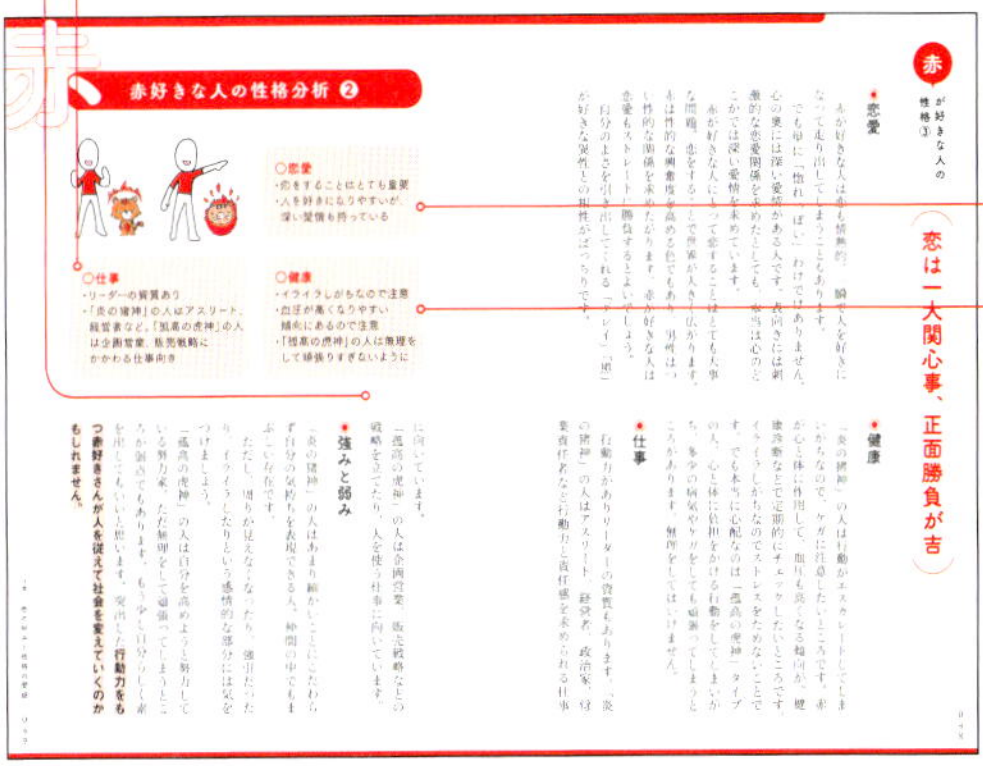

人の歴史は赤から始まった

◉「赤」ってどんな色？

赤は人類が最初に使った色ともいわれています。歴史は古く、私たちの生活のあらゆるものに使われています。

赤は世界でも人気の色で、特にアジア圏の国旗の約8割には赤が使われています。赤は革命や自由の象徴としても使われる色です。国によっては**太陽や命の色の象徴としても使われている、とても重要な色です。**

日本でも赤は人気色。時代と共に変化はありますが、赤は男女共に好みの色ランキング上位に入ります。

そして**原始の日本で最初に「黒」と共に誕生したもっとも古い色名でもあります。**黒は太陽が沈んだあとの「暗い」から生まれ、赤は太陽が昇った「明るい」から生まれたものと考えられています。「紅白」のようにおめでたい席でもよく使われ、日頃からよく目に入る色です。

また女性は心理的にも生物的にも赤に反応しやすいといわれています。

先天的な理由として、人類が霊長類から進化する過程で、男性が狩猟に出ている間、女性は果実などを採集する生活に適応し、果実が熟していることを示す赤みに敏感になったというものです。そのため、女性は赤に反応するというのです。

もうひとつは後天的な理由として、女性は小さい頃から赤いものを与えられやすい環境にあることが挙げられます。常に身近にある色なので、その色に対して色を見極める能力が発達し、赤に敏感になっているというものです。

いずれにしろ女性にとって赤は特別な色なのです。

赤

赤のイメージ

革命、自由、命などのイメージで赤は国旗にもよく使われるよ

たしかに
よく目にする色だね

女性が赤に特に反応する理由

原始時代、赤いものを採集する習慣から敏感になった（先天的理由）

子どもの頃から赤いものを与えられ、敏感になった（後天的理由）

活動的で正義感も意志も強い

性格総合

赤が好きな人は、活動的で行動力があり正義感が強いタイプです。意志の強い人も赤を好みます。自分の気持ちをストレートに表し、また表現することに気持ちよさを感じます。

赤が好きな人は2タイプに分かれます。

心の中に色神「炎の猪神」がいる人は情熱的で行動的、まっすぐ前に進むイノシシのような人です。**行動的な人なのでどんどん自分の気持ちを発信していきます。**燃え尽きるまで走り続けます。運動神経もよく、スポーツが好きな方が多いでしょう。

もうひとつのタイプは色神「孤高の虎神」がいる人です。**赤に憧れて「行動的になりたい」と無意識に頑張っている人です。**まるで単独で行動するトラのよう。孤独感が少しあり、でも人に対しては愛情溢れる優しい人です。無意識に赤いものを選び、その色の力で自分の行動力を高めようとします。

人間関係

外交的な人で、基本的には人間関係では困りません。人の悪口をいうこともあるけれど、基本的には人が大好き。「炎の猪神」タイプの周りには人が集まってきます。ただし本人も気づかないうちに、少し強引なところがけむたがられることもあり注意が必要です。

「孤高の虎神」タイプの中には人から注目されたいという気持ちがある一方、人付き合いに疲れてしまう人も。ついついストイックになって孤独になりがちです。バランスのよい人間関係の構築を目指しましょう。

赤

赤が好きな人の性格分析 ❶

2つのタイプがいます

赤が本当に好きな「赤好き」さん

炎の猪神

燃え尽きるまで走る
情熱のイノシシ

○基本性格

・行動的でどんどん
自分の気持ちを発信
・運動神経がよいタイプ

○人間関係

・外交的で人間関係では
困らない

赤の力を借りたい「赤好き」さん

孤高の虎神

愛情溢れる
頑張り屋のトラ

○基本性格

・赤に憧れて行動的に
なりたいと思っている
・無意識に頑張っている

○人間関係

・人付き合いに疲れ、
孤独になることも

恋は一大関心事、正面勝負が吉

恋愛

赤が好きな人は恋も情熱的。一瞬で人を好きになって走り出してしまうこともあります。

でも単に「惚れっぽい」わけではありません。心の奥には深い愛情がある人です。表向きには刺激的な恋愛関係を求めたとしても、本当は心のどこかでは深い愛情を求めています。

赤が好きな人にとって恋することはとても大事な問題。恋をすることで世界が大きく広がります。赤は性的な興奮度を高める色でもあり、男性はつい性的な関係を求めたがります。赤が好きな人は恋愛もストレートに勝負するとよいでしょう。

自分のよさを引き出してくれる「グレイ」「黒」が好きな異性との相性がばっちりです。

健康

「炎の猪神」の人は行動がエスカレートしてしまいがちなので、ケガに注意したいところです。赤が心と体に作用して、血圧も高くなる傾向が。健康診断などで定期的にチェックしたいところです。イライラしがちなのでストレスをためないことです。でも本当に心配なのは「孤高の虎神」タイプの人。心と体に負担をかける行動をしてしまいがち。多少の病気やケガをしても頑張ってしまうところがあります。無理をしてはいけません。

仕事

行動力がありリーダーの資質もあります。「炎の猪神」の人はアスリート、経営者、政治家、営業責任者など行動力と責任感を求められる仕事

赤が好きな人の性格分析 ❷

○恋愛
・恋をすることはとても重要
・人を好きになりやすいが、深い愛情も持っている

○仕事
・リーダーの資質あり
・「炎の猪神」の人はアスリート、経営者など。「孤高の虎神」の人は企画営業、販売戦略にかかわる仕事向き

○健康
・イライラしがちなので注意
・血圧が高くなりやすい傾向にあるので注意
・「孤高の虎神」の人は無理をして頑張りすぎないように

に向いています。

「孤高の虎神」の人は企画営業、販売戦略などの戦略を立てたり、人を使う仕事に向いています。

◉強みと弱み

「炎の猪神」の人はあまり細かいことにこだわらず自分の気持ちを表現できる人。仲間の中でもまぶしい存在です。

ただし、周りが見えなくなったり、強引だったたり、イライラしたりという感情的な部分には気をつけましょう。

「孤高の虎神」の人は自分を高めようと努力している努力家。ただ無理をして頑張ってしまうところが弱点でもあります。もう少し自分らしく素を出してもいいと思います。突出した**行動力をもつ赤好きさんが人を従えて社会を変えていくのかもしれません。**

ピンク

が好きな人の性格①

人を優しく変える魔法の色彩

◉「ピンク」ってどんな色？

ピンクは特に、女性の好きな色ランキング1位をキープしている色です。**18世紀のフランス・ロココ様式、優雅な宮廷女性サロン社会で大流行をした色**であり、ドレス、カーペット、椅子などに使われました。アール・デコやポップ・アートでもピンクは使われており、女性を中心に歴史的にも愛好された色です。

日本の伝統色にも一斤染《いっこんぞめ》、薄紅、退紅《あらぞめ》などピンクの色も多く見られます。

しかしピンクはその甘さから女性的というイメージが強く、抵抗がある人も多くいます。

一言にピンクといっても淡い桜のようなものから、ビビッドな赤に近いものまであり、同じピンクでも色合いによって人に与える心理効果も大きく異なります。

淡い色のピンクにはリラックス効果もあり、性格を穏やかにしたり、筋肉を弛緩させる効果があります。ピンクを取り入れた内装の部屋にいると癒し効果が期待できます。

またピンクは内分泌系を活性化し、若返りを促進させる色でもあります。ピンクの服（下着）を身につけ、ピンクのモノをよく目にしていると精神的にも肉体的にも若々しくなるといわれています。

年をとると人はあまり色のあるものを着なくなりますが、むしろ逆にピンクのような服を着るほうがよいのです。女性は恋をするとピンクを求める心理もあり、恋の色としても知られています。「守られたい」という心理からピンクを求める場合もあります。

ピンク

ピンクのイメージ

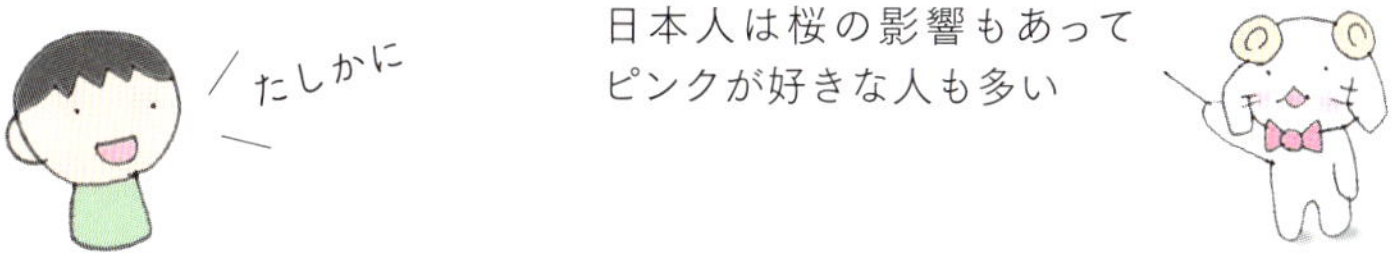
たしかに
日本人は桜の影響もあって
ピンクが好きな人も多い

ピンクは気持ちを穏やかにする

淡い色のピンクにはリラックス効果があり、性格を穏やかにする効果がある一方「濃いピンク」には別の効果も!?　詳しくはP.52

温和か、戦略的か。濃度で分かれる

性格総合

穏やかな性格で優しい平和主義者です。

淡くて優しいピンクが好きな人は心の中に色神「ふわふわなパンダ神」がいる人です。色神の中でももっとも**優しく温和な性格で、繊細で傷つきやすい人です。**空想家で、ひとりのときは素敵な未来をイメージして過ごしています。特に幸せな恋愛や結婚の夢が大好きです。

好奇心は旺盛でいろいろなものに興味があり、小さな刺激を求めています。しかし自分から積極的に動くことはしません。

赤に近く、濃い色のピンクが好きな人は「戦略的な猫神」。**知的教養度が高く頭のよい人です。活動的で感情的な一面もあります。**赤が好きな人の性格に近いものを持っています。ネコのように気まぐれで、デリケートだと思われたいと戦略的に行動することもあります。

人間関係

ピンク好きさんは人とうまくやっていける人です。もし苦手だなと思う人がいても、うまくやっていける資質はあるので大丈夫です。基本的に人が好きなので、人のよい部分を見ようとします。優しく気配りもできる人なので、多くの人は一緒にいると心地よいと思うはず。

「ふわふわなパンダ神」タイプは分をわきまえて遠慮をして、あまり前に出たがりません。さらに繊細な面があるため、相手の思わぬ言動に心を痛めてしまうこともあります。

「戦略的な猫神」は注目されたいという気持ちがあるので、人との距離の取り方はとても上手です。

ピンクが好きな人の性格分析 ❶

2つのタイプがいます

淡い「ピンク好き」さん

ふわふわなパンダ神

温和な性格の
優しいパンダ

○基本性格
- 優しく温和な性格
- 傷つきやすく繊細
- 幸せな結婚を夢見ている

○人間関係
- 人付き合いは遠慮がち
- 人間関係で傷つくことも多い

濃い「ピンク好き」さん

戦略的な猫神

賢く、
感情的なネコ

○基本性格
- 知的教養度が高い
- 活動的な一面も
- デリケートに見られたい

○人間関係
- 人付き合いはそつなくこなす
- 注目されたい気持ちがある

「優しさ」が長所にも短所にもなる

恋愛

ピンクが好きな人にとって恋愛は重要。もう恋愛がすべてといってもよい人もいます。

フリーの人はどう素敵な恋人を作るのか、恋人がいる人は相手とどんな素敵な毎日を過ごすのかが大事な価値観になってきます。子どもがいる人は、子どもとどうやって幸せな暮らしを作っていくかが大事になります。

ピンクが好きな人の愛情はとても深くて澄んでいます。愛されたいという気持ちが強くあり、相手に振り回されてしまうこともあります。

女性なら「赤」「白」「明るいグレー」が好きな男性。男性なら「青」「ピンク」が好きな女性と相性がよいでしょう。

健康

「ふわふわなパンダ神」タイプは基本的に健康。ピンクを身につけてピンクの内装の部屋で暮らしていると、容姿や体が若返ったという実験結果もあります。繊細で強いものに負けてしまう性格から強いストレスを受けやすく、慢性的に免疫系に悪い影響を与えてしまいます。風邪などの感染症、血圧上昇による不調などに注意したいところです。

「戦略的な猫神」タイプは、注目されたい気持ちから無理をしてしまいがち。体と心に負担をかけすぎないよう注意しましょう。

仕事

優しく気配りのできる性格なので、そうした性格が活かされる仕事がよいでしょう。

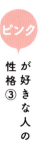

ピンクが好きな人の性格分析 ❷

○恋愛
- 恋がすべて、ともいえる
- 恋人をどう作るか、どう過ごすかが心を支配する

○仕事
- 「ふわふわなパンダ神」の人は介護士、看護師、デザイナーなど
- 「戦略的な猫神」の人は、美容家、料理研究家、ダンサーなど

○健康
- 「ふわふわなパンダ神」タイプは様々なものに影響を受けやすく、その影響は体にも及びがち
- 「戦略的な猫神」タイプは無理をしすぎないように注意

「ふわふわなパンダ神」の人はたとえば介護士、看護師、デザイナー、営業事務などの仕事が向いています。

「戦略的な猫神」の人は料理研究家、美容家、ダンサーなど何かを表現し、それを評価される仕事が向いています。

強みと弱み

ピンクが好きな人の強みはなんといってもその「優しさ」です。気配りができるその美しい心です。ただその優しさはあなたにとって弱点にもなりえます。他者に利用されてしまったり、些細なことで傷ついてしまうことも。

性格的にもピンクが好きな人はなかなか自分を変えにくいタイプです。でも、優しくて繊細なその性格は、周りの人を幸せにできるでしょう。

橙が好きな人の性格①

柑橘に由来する暖かい色彩

◉「橙」ってどんな色？

色名は自然物や動物など様々なものに由来しますが、橙《だいだい》はミカン科の柑橘類である橙からついた名前です。熟しても実が落ちず2、3年も枝についていることから「代々」と呼ばれるようになったことが名前の由来です。

インド、ヒマラヤが原産で中国から日本に伝わりました。**果実としては古くからありますが、色名として認知されたのは明治以降。**新しい色の名前のひとつです。

橙は世界に目を向けると古くは古代クレタ文明、古代ギリシャにも見られる色です。ルネッサンスでもカラフルな色のひとつとして橙は使われました。

日本では橙が使われる前は柿色、紅鬱金《べにうこん》、柑子《こうじ》色《いろ》といった橙系の色が使われていました。江戸時代には淡い柿色の洒落柿《しゃれがき》が庶民の間で流行しました。

ヨーロッパ原産の果実が由来の「オレンジ」と「橙」は同一色として使われるのが一般的。「ミカン色」は橙やオレンジより濃い色で表現されることが多いようです。

橙はビタミンカラーとも呼ばれ、見ると元気になり、赤や黄色と同じように暖色を代表する色になっています。

暖かさを感じる色でもあり、風景にも馴染むため秋から冬に好まれます。タイやインド、ネパールなどでは僧侶が着る法衣の色で「奉仕」「至福」「愛」を表しています。食欲を増進させる色でもありますが、二日酔いのときに橙の服を着ると症状が悪化するともいわれています。

橙のイメージ

橙の色名は「だいだいの実」が由来だよ

橙はハロウィンのイメージ

微妙に色が異なるけれど、これら全体を「橙色」とか「オレンジ色」と呼ぶのが一般的。色は点じゃなくて範囲だからね

すべて柑橘由来の名前だね

行動的で社交的、仲間を大事にする

性格総合

橙は活動的で陽気、元気な人に好まれる色です。競争心が強く、負けず嫌いな一面があります。喜怒哀楽が激しく、とても人間らしい人ともいえます。

親しみやすい性格で、心の中に色神「社交的なライオン神」がいるといえます。**元気で強く、一見、怖そうに見えるのですが、本当は親しみやすくて、周りの人を大事にするタイプです。**ライオンのように群れで行動し、社交的で人好き、仲間意識が強いタイプです。

頑張っている人を応援するので、ときには自分の気持ちに無理をしても周りを盛り上げてしまうところがあります。一度決めたことは貫こうとする意志が強く、ハートの強い人です。落ち込むこともありますが、前向きに切り替える能力が高く、ライオンのように強く進んでいきます。

人間関係

「社交的なライオン神」が心の中にいるので、人が自然と集まってきます。ひとりでいることを好まず、気がつくと友人や知り合いが増えていきます。

仕事では周囲の人と分業して、うまくいくように気配りができます。温かい人情味があるタイプで、誰からも好かれますが、喜怒哀楽が激しい人や競争心が強い人もいます。

基本的には人と仲よくできますが、ちょっとこじれると人間関係のトラブルになることがあるので注意。自分は社交的ではないと思われる方も、社交的な資質はあるはずです。

橙が好きな人の性格分析 ❶

1つのタイプです

社交的なライオン神

行動的で社交的
仲間を大事にするライオン

○基本性格

・元気で陽気な人
・競争心が強く、負けず嫌い
・感情的で人間らしい人
・仲間意識が強い

○人間関係

・友人を大事にする
親しみやすい人
・社交的でいろいろな
タイプの人と仲よくなれる

橙が好きな人の性格③

持前の「行動力」と「人間性」が武器

恋愛

恋愛も積極的。基本的には自分から告白するなど積極的に恋愛に向かうタイプの人です。待っている恋よりも、自分から恋に走りたいと思っています。

つい強引に「押して」しまうこともありますが、橙が好きな人の魅力は人が集まってくる人間性です。そのため実は少し時間をかけて「自分のよさをわかってもらう」ということが、恋愛成就の一歩かもしれません。

結婚願望は強くない人が多いようです。

健康

社交的ですが少々無理をして場を盛り上げてしまうところがあり、知らず知らずのうちにストレスをためてしまうことがあります。

イライラしたり怒りやすいと思う人は、そのイライラの原因を冷静に見つめましょう。それだけで怒りの感情はおさまることがあります。

また橙は食欲を喚起する色です。橙を多用していると食欲が湧いてしまい、過食になる傾向がありますので、食べすぎには注意したいところです。

また飲みすぎて二日酔いのときは橙系の服は避けたほうがよいでしょう。

仕事

基本的には人に接する営業、接客の仕事が向いています。どういった人にどんなものを売ったり、サービスをしたりすることが自分にとって心地よいか細分化して考えていくとよいでしょう。接客

橙

橙が好きな人の性格分析 ❷

○恋愛
- 恋には積極的なタイプ
- 時間をかけて人間性を理解してもらうとよい

○仕事
- 接客業が向いている
- どんな人と接するのが心地よいか、を考えて仕事を選定するとよい

○健康
- 無理をしてしまうことがあり、ストレスをためやすい
- 食べすぎに注意

の仕事も販売員なのか、ホテル、銀行などの受付なのかでは内容も接する人も異なります。

◉強みと弱み

強みは「行動力」と人に好かれる「人間性」です。何かをしようと考えるとき、その行動力と、集まってくる人が大事な宝物になります。

弱みがあるとすると、おせっかいな一面があり、問題をかき乱して自滅しやすい点かもしれません。無用な競争心で人と比較したり、些細なことで心が動かされて怒ったりすることも。

喜怒哀楽は人間らしさ自分らしさを作っているものですが、一時的な感情で他者を傷つけることがないように気を配りましょう。

人を助けられる人であり、人に助けられる人です。

黄色が好きな人の性格①

希望と幸福の象徴、楽しいイメージの色

●「黄色」ってどんな色？

黄色は希望や幸福の象徴であり、太陽を表すなど良質なイメージがある反面、不安や危険、不浄な色として扱われることもある色です。**世界的にみても評価が分かれる色であり、不思議な色ともいえます。**

インド、ネパール、中国では高貴な色として使われます。欧米でも幸福のイメージとして黄色を挙げる人は多くいます。

キリスト教圏ではユダが黄色い服を着ていたことから「裏切りの色」として嫌われる傾向にあります。また国によっては「死」「三流」などを表す色にもなっています。

子どもが最初に認知できる色のひとつであり、子どもからの人気がとても高い色です。大人になると人気が落ち着き、ランキングの上位には出てこない色でもあります。

「黄色」は古くから使われている色で、色名としても比較的古い色といえます。

「緑」「橙」は「緑い」「橙い」と「い」をつけて形容詞化しませんが「黄」「茶」は「色」を伴うことで「黄色い」「茶色い」と形容詞化します。

人はイメージに色をつけることがあります。たとえば甲高い声は「黄色い声」と表現されます。江戸時代に書かれた『浮世風呂』では歌声を「黄色な声」と表現しています。

声が黄色になった由来には諸説ありますが、「愉快」「歓喜」といった日本人の黄色に対するイメージが重なったと考えるのが自然です。黄色は「楽しい」イメージとしてよく使われます。

黄色

黄色のイメージ

日本では黄色は「幸福」や「希望」のイメージがあるよ

小さい子どもは黄色と赤に最初に反応する傾向に

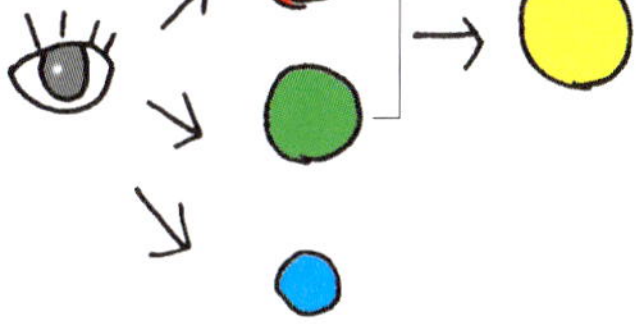

脳で赤と緑を合体して黄色を見る

目の中では「赤」「緑」「青」を感知し、脳で合成して色を見ている。小さい子どもは青を感知する器官が未発達のため、最初は赤と緑の錐体で見える「黄色」や「赤」に目がいきやすい

新しいものが大好きでユーモア溢れる

◉性格総合

黄色は、知的で上昇志向が強い人に好まれる色です。そんな人は、好奇心や研究心も旺盛。様々なものに挑戦する姿勢を持っています。

黄色が好きな人の中には色神「真新しいものが好きなアルパカ神」がいます。**新しいものや変わったものが大好きで、ユーモアのあるユニークな性格の人です。** まるでインスタ映えするアルパカのような存在です。個性的で人と違った発想があり、話が面白く、周囲の人が一目を置くグループの中心人物でもあります。

新しいものが好きな反面、少々飽きっぽいところがあり、いろいろなものが長続きしない傾向もあります。責任を回避して自由にどこかに行ってしまうところもあります。

◉人間関係

ユーモアがある楽しい性格なので人から好まれます。人間関係は円滑に進む傾向があります。ところが理想主義にストイックに向かってしまうと、人から理解を得られず孤立してしまう場合も。また自由主義が強く出ると、周囲の人から遠ざけられてしまう危険性も。黄色好きさんはそうした危うさを持っている性格でもあります。

黄色は全体の中で少しあると強い輝きを放ちます。一方で、使いすぎると人を不愉快にしてしまう色でもあります。

人間関係もよく似ていて、大勢の中で黄色が好きな人は周りをぱっと明るくする存在感もありますが、強く主張してしまうと周囲にも悪い影響が出てしまいかねません。

黄色

黄色が好きな人の性格分析 ❶

1つのタイプです

真新しいものが好きなアルパカ神

新しいものが大好きで、
ユーモアのセンスがある

○基本性格

・知的で上昇意識が高い人
・新しいものが大好きで、
好奇心旺盛
・個性的で発想が他人と違う
・面白い人で、
グループの中心人物

○人間関係

・多くの人が集まってくるタイプ
・理想主義や自由主義になると
孤立することも

黄色が好きな人の性格③

理想を実現する力を持つ人気者

そんなときは黄色いものを持ったり、黄色い服を着てみるのもいいでしょう。過度に使いすぎずにインナーの服を黄色系のものにしたり、ワンポイントで黄色を使うのがおすすめです。黄色の分量を調整してください。

◉仕事

ビジネスのセンスがある人でしょう。アイデアをたくさん持っていて、高い理想と共にそれを実現していく力を持っています。さらに、いろいろなプランを組み立てて実現していくことができます。

豊かな表現力を持ち、目立つ仕事、笑わせる仕事や話をする仕事が向いています。営業、コンサルタント、芸人、俳優、企業経営者などがよいでしょう。

◉恋愛

自分と同じように明るく話し上手な人を求めます。ただ理想が高いため、相手に要求する条件も多くなります。

自身の上昇志向も高いために心の満足感を求めます。そのため、向けられた愛情に満足していない人もいるでしょう。

実際に相性がよいのは暖色系の色を好む人ではなく、「紫」や「青系の色」が好きな人。自分にないものを補完していく形がよいでしょう。

◉健康

黄色は精神的に不安定なときに求められる色でもあり、黄色を好む場合はどこか精神的に疲れていることも考えられます。

黄色

黄色が好きな人の性格分析 ❷

○恋愛
・相手や相手との関係に求める理想が高い
・満たされない愛情を感じている人も多い
・自分にないものを補完してくれる相手が◎

○仕事
・高い理想を実現していける
・豊かな表現力を活かす仕事が向いている
・営業、コンサルタント、芸人、俳優など

○健康
・精神的に疲れていることも
・疲れているときは、黄色いものを身につけてみる

◉強みと弱み

黄色が好きな人は好奇心が旺盛で様々なものに挑戦できるパワーがあります。周囲からたくさんのことを吸収してさらに知的さに磨きがかかります。そして仲間が集まってきます。周りにいる人もまたかけがえのない財産です。

弱みは、理想の実現を目指しすぎると、周囲から孤立する可能性もあること。大勢のなかで目立つ存在だからこその悩みでもあります。

周囲との調和を考えながらも**自分の自由な部分やこだわりは活かしていき、理想に向かっていくことでさらに才能が磨かれるはずです。**

強みである「挑戦心」を育てていってください。

黄緑 が好きな人の性格①

個性的でクリエイティブ、観察眼に優れる

「黄緑」ってどんな色？

黄緑というと春に萌え出る木の葉の色「萌木色」がイメージしやすいでしょう。平安時代から使われる黄緑の代表的な色です。他にも若草色、新芽色、苗色、鶸萌黄《ひわもえぎ》など黄緑は芽や葉の色から名付けられたものが多くあります。

色名としては新しい色ですが、黄緑は萌木（萌黄）として古くから日本の文献にも登場します。平安時代の『栄花物語』や『紫式部日記』にも登場し、歌人たちにも好まれていました。

性格総合

緑が好きな人よりも社交的で、黄色を好む人よりも創造的で優しいタイプです。様々なものに挑戦し、新しいものが好きな人が多いといえます。

他の人とかぶらないという理由から黄緑が好きな人もいて、「個性的な人」や「個性的でありたいと思う人」にも好まれる色です。

そんな人の心の中には色神「才能豊かなメガネ猿神」がいます。**知覚認知能力が高く、大きな目で観察しいろいろなものを吸収して、活かしていきます。**

人間関係

社交的な性格ですが、他人の視線を気にしているところがあり、気がつくと人を観察しています。人に対しての知覚能力、分析能力も高く、基本的に人間関係作りは上手ですが、人と接するのは疲れてしまい、そんなに好きではない場合も少なくないはず。あまり人の目を気にしすぎないように自分らしさを出していくほうがいいでしょう。

黄緑

黄緑が好きな人の性格分析 ❶

１つのタイプです

才能豊かなメガネ猿神

個性的でクリエイティブ
観察力に長けたメガネザル

○基本性格

・クリエイティブなことが大好き
・新しいものに挑戦する
・観察力、洞察力に優れる
・個性的な人

○人間関係

・社交的で人とうまく付き合える
・人の目を過度に
　気にしてしまう傾向も

萌木のような強さ、
何かを生み出す力を
感じる色だね

萌木のように伸びていく力、たまに立ち止まると◎

恋愛

恋愛対象からも刺激を受けたいと感じるタイプです。恋愛好奇心も高く、特に新しい恋には敏感に反応します。お互いによい刺激になり成長できる関係になるとうまくいくでしょう。

感性的に敏感なところがあるので反応が早く、それが他人には少し気まぐれに見える部分もありそうです。感覚的な部分は、相手とのすれ違いを作る要因にもなってしまいます。相手とうまくいかないと感じてきたら、しっかりと会話することで埋めていきましょう。

健康

「才能豊かなメガネ猿神」タイプの生命力は高く、これから伸びていくパワーを持っています。エネルギーが溢れている人です。

ただ気持ちが勝ってしまうところがあり、背伸びをしてでも周囲の期待に応えたいと頑張ってしまいます。ストレスには注意しましょう。

また不安から停滞するのを恐れて、立ち止まれない性格でもあります。たまには立ち止まって、ゆっくりと進むのもよいでしょう。

仕事

自分の意識が「人」ではなく、「物」に向くと新しいものを次々と生み出す力になります。クリエイティブで感性も豊かなタイプです。

新しい会社や事業で才能を発揮する人も多く、起業家、プランナー、クリエイターなどの仕事が向いています。クリエイティブな仕事に触れる広告代理店の人も黄緑を好む人が多く見られます。

黄緑

黄緑が好きな人の性格分析 ❷

○恋愛

- 恋愛好奇心が強い
- 気まぐれに映る部分もある
- 相手としっかり話し合うことが大切

○仕事

- クリエイティブな仕事に向く
- プランナー、クリエイター、デザイナーなどに向いている

○健康

- 健康には恵まれている
- 止まることを恐れて無理をしてしまう場合も

◉強みと弱み

新しいものが好きでクリエイティブな人であり、性格も優しいというところはとても素晴らしい強みです。一方で、人の視線や人に気を配りすぎて、ちょっと精神的に疲れやすいという弱みもあります。

無理をせず、自分らしく生きる方法を身につけると、さらに人生が充実するようになるでしょう。

黄色と緑、それぞれのよさを併せ持つその才能は魅力的で強い武器になります。溢れる創造性で問題を解決していける人です。

人の心と体を癒す人気色

◉「緑」ってどんな色？

艶のあるものを形容する言葉として緑は比較的昔から使われていましたが、色名としての「緑」は新しく、緑色として認識されるようになったのは最近のことです。**昔は緑色の野菜のことを「青物」と呼んでいて、緑は青と区別されずに使われてきました。**

また、私たちがよく見る青信号は、よく見てみると「青」ではありません。信号機は「緑」なのです。昭和初期、信号機が最初に登場したとき、新聞は青と緑を明確に区別しなかったため「緑信号」ではなく「青信号」と呼ぶようになったといわれています。

さらに緑は「お金持ちになれる」「資金調達がしやすくなる」色ともいわれています。人の欲望を満たす働きが緑にはあるという説も。

一方、**世界では、緑は豊かな自然を表現する色だけでなく「勇気」「希望」、永遠に続く「愛」を表す色としても使われます。**

緑は人の心を癒す色です。緑から森や草原など自然の風景を連想し、緑を見ているだけで癒されると感じる人は多いでしょう。

癒される気分になるだけでなく、実際に、体にも優しい機能があります。緑は可視光線の中央部分にあり、緑を感知するのには複数の錐体《すいたい》（色を見る器官）の反応によって見ています（緑錐体を中心に青錐体や赤錐体が加わる）。

そのため、視神経の負担が軽減されて目が疲れにくいのです。逆に赤は赤錐体のみが反応するので、目の負担が大きく、赤ばかり見ていると疲れてしまいます。

緑

緑のイメージ

昔から、緑の信号を「青信号」、緑の野菜を「青物」という。「緑」が確立したのは最近なんだ

可視光線

各錐体の感度イメージ

緑はイメージとして癒されるだけでなく、実際に目の器官にもやさしい

緑は(複数の錐体で感知しているので)視神経の負担が軽減されて目が疲れにくい

都会に住む人は「緑欲求」が高め

平和主義の中に強い信念を持つ

◉性格総合

緑が好きな人は社会性が強く真面目な人です。平和主義者で人と争うことを好みません。人よりも自然や動物が好きで、田舎で暮らしたいと願っている人も多いようです。

緑が好きな人の心の中には色神「平和主義のカピバラ神」が住んでいます。カピバラのように見た目からして温和でのんびり。穏やかに過ごしています。

しかし**内面にはしっかりと理念や信念があるため、穏やかさと芯の強さの2つを持っている人といえます。**マイペースのようにも見え、個人主義なところもあります。

緑好きは好奇心も強いものの、自らが企画するよりは、誰かが企画することを願っているタイプです。温泉旅行などを提案されると喜びます。

淡い緑、明るい緑が好きな人は、緑の性格の中でも好奇心がより強いタイプで、行動的でしょう。芸術的なものにも惹かれるようです。

◉人間関係

礼儀正しく裏表のない性格です。人と誠実に接しているか、誠実に接したいと思っています。人を扱うことに長けていて調整力もありますが、人とのコミュニケーションが大好きなわけではないようです。

自己主張も少し弱く、初対面ではうまく心を通わせられない傾向があります。

人に利用されてしまうこともあり、そこは注意したいところ。信用しやすい人、押しに弱い人は気をつけてください。

緑

緑が好きな人の性格分析 ❶

1つのタイプです

平和主義のカピバラ神

温和ながら、
しっかりと芯を持つカピバラ

○基本性格

- 温和でのんびり屋さん
- 一方で、内面には強い信念がある
- 調和を図るものの、個人主義な面も
- 好奇心は強いが、依存性がある

○人間関係

- 人とうまくかかわれる
- ただし、人はあまり好きではない

緑が好きな人の性格③

映画のような激しい恋は苦手、深い愛情で包む

恋愛

映画やドラマのような劇的な恋愛をあまり好まず、平和な恋愛を求める人が多いようです。

緑が好きな人は、他人に気を遣ってしまう傾向があるので、疲れる激しい恋愛は好まないと思われます。

一方で、心の奥には慈悲深い愛情を持っています。恋愛感情が高まり、激しく怒ったり、イライラすることは少なく、深い愛情で相手を包もうとします。ただし、優柔不断なところは相手とうまくいかなくなる一因となるかもしれないので注意。

健康

緑が好きな人は、食べることも大好き。おいしいものには目がありません。

緑が好きだからといって、野菜をたくさん食べる人ばかりではないので、お肉や炭水化物ばかりではなく食事全体のバランスには気を配りたいところです。

ただ健康には興味があり、体によいことを実践するのは好きなはずです。

また、特別緑が気になるときは目が疲れているのかもしれません。入浴と睡眠で目と体をやすめましょう。

仕事

人と接する仕事にも向いていますし、何かに没頭する仕事にも向いています。

性格の温和さからいって職業では教育者に向いています。営業、販売といった仕事もこなせますし、人を指導する立場でも能力を発揮します。ま

緑

緑が好きな人の性格分析 ❷

○恋愛
・平和な恋愛を求める
・優柔不断なところが、ふたりの関係に亀裂を生むことも

○仕事
・人と接する仕事も、ひとりで没頭する仕事も向いている
・教育者、営業、販売職、医師、研究者など

○健康
・食べすぎに注意
・目が疲れている場合も
・入浴と睡眠でリラックスを

た医師、研究者、農業、自然関係の仕事もよいでしょう。

◉強みと弱み

素直で真面目な性格です。人にはとても優しく接することができて、平和に調整することが得意です。しかし、心の中にはまっすぐな芯も通っていて、バランスのよい性格が強みであるといえます。

少し依存傾向や引きこもる傾向があるので、自分から動ける力を身につけると、さらにバランスのとれた性格になると思われます。**周囲の目を気にせず、もう少し自分の思ったことを通せると長所が伸びていくでしょう。**自己信頼の力が、より緑が好きな人の強みを磨いてくれるはずです。

青緑

が好きな人の性格①

クールで洗練された生き方を目指す

「青緑」ってどんな色？

青緑は海の色。海は太陽の日差しを浴びて美しい青から青緑の色を作ります。オーシャン・グリーン、シー・グリーン、トリトン・グリーン、特に海外では海の色から名付けられた青緑系の色が豊富にあります。

宝石のターコイズの色も青緑の仲間です。**希望、若さを象徴する色であり、高貴な色、神聖な色として多くの文明で多くの人が求めてきた色です。**

性格総合

青緑が好きな人は洗練されており、ファッションセンスや感性に富んでいます。他者と同じことを好みません。

クールで喜怒哀楽や本心を表に出さないタイプです。心の中には色神「洗練されたイルカ神」がいます。綺麗好きで洗練された美しい存在です。

控えめな性格であり、あまり自分の意見を主張しませんが、海のように澄んだ心の奥には、人と違うことをしたいという強い意志が隠れています。

人間関係

水族館でも人気者のイルカのように多くの人が一目を置いている存在です。

ところが気難しい部分もあり、ちょっと付き合いにくいと思われていることも。知らない間に他者を傷つけているケースもあるかもしれません。

クールな人、もしくはクールに装おうとしている人なので、他人から誤解されることもあります。繊細で傷つきやすい部分があります。

青緑

青緑が好きな人の性格分析 ❶

1つのタイプです

洗練されたイルカ神

クールで美しく磨かれた
自由なイルカ

○基本性格

・ファッションに明るく、
　優れた感性の持ち主
・控えめな性格で、遠慮がち
・主張しないながら、
　人と違ったことをやりたいと
　ひそかに思っている

○人間関係

・人間関係の築き方もクール
・付き合いにくいと
　思われていることも

青緑が好きな人の性格②

人間関係はクールに、仕事はオシャレに

恋愛

青緑が好きな人はクールでかっこいい恋愛を目指します。

素敵なシチュエーションにこだわり、分析をしながら恋愛を進めていきます。つい形にこだわってしまうので、素直な気持ちで好きな人に向き合うほうがよいでしょう。

相手と自分の感情を大事にすることが充実した恋愛を実現するヒントになりそうです。心の奥に眠る本当は繊細な気持ちを大事にしてください。

相性がいいといえるのは、「橙」や「黄色」が好きなタイプ。人が集まってくるタイプと相性がよいでしょう。

健康

極端な傾向があり、室内で過ごすことが多く基本的に運動不足になりそうな人と、山や海に積極的に行く人に分かれます。

前者は形から入ることで運動習慣が身につきそうです。お気に入りの運動靴、ウエアなどを揃えると運動したいという気持ちが高まるでしょう。

後者の人は自己管理がしっかりできるタイプの人です。基本的には危険なことはしませんが、見た目にこだわって失敗やケガをする危険性がありますす。無理をしないように気をつけてください。

仕事

オシャレな人が多く、雑貨やファッションを扱う仕事が向いています。人と接する仕事よりは作

青緑

青緑が好きな人の性格分析 ❷

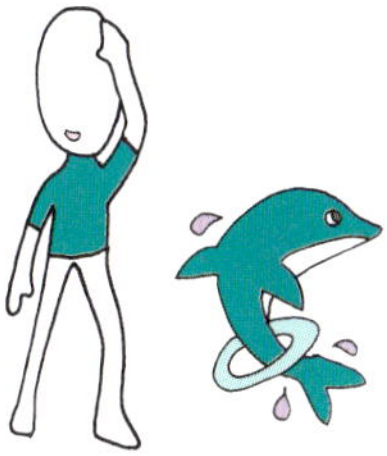

○恋愛
・かっこいい恋愛を目指す
・打算的になってしまうことも
・感情を大事にすることで、よい恋愛ができる

○仕事
・作る仕事や演出する仕事が向いている
・雑貨・ファッションにかかわる仕事、美術にかかわる仕事、美容にかかわる仕事など

○健康
・アクティブか、運動不足か、両極端になりやすい

る側の仕事や演出する仕事により向いていそうです。

アートに触れる仕事も合うでしょう。ファッション関係、美術関係、雑貨、作家、宝飾品、美容関係が向いています。

◉強みと弱み

青緑が好きな人の強みは、感性豊かでクールなところ。洗練された生き方を目指し、仕事もプライベートも充実させやすいでしょう。

弱みは人に誤解をされやすいところ、理解されにくいところです。

自分が思ったこと、感じたことを自由に表現し、表情を豊かにすることで「親しみやすさ」を手に入れましょう。**才能豊かな人なので、仲間の協力を得られれば、人生はさらに豊かになるはずです。**

青が好きな人の性格①

多くの人に好まれ様々な心理効果を持つ

◉「青」ってどんな色？

古代エジプト人は生命の色として青を好み、キリスト教ではマリアの色として希望を表し、スペインでは名門のことをブルーブラッドと呼びます。

大企業は戦略的に青をコーポレイトカラーにするなど、長い歴史の中で万人に好まれてきました。

その一方で一部「未熟」「憂鬱」とネガティブなイメージの色としても使われることもあります。

青には様々な心理効果があり、心と体に影響を与えます。**青を見ると、血圧が下がり呼吸をゆるやかにするといわれています。気持ちを落ち着かせる鎮静効果もあり、寝具や寝室の壁に使うと睡眠に導いてくれる効果があります。**

低明度、低彩度の青を使うと後退色、収縮色として実際の位置よりも遠くに、実際の大きさよりも小さく感じるなど、位置感覚や大きさの感覚をゆがませてしまいます。

最近ではスポーツの世界にも青は進出しており、卓球台や陸上のトラックなどに使うようになってきました。高彩度の鮮やかな青は視線がぶれにくく、集中できることで好記録を生んでいるといわれています。

文化の中に、不思議な青を見ることもできます。日本の国会での投票は賛成に白札、反対に青札を使います。

これはフランス議会の投票を模倣したものだといわれていますが、心理的には白も青も賛成なので、過去には賛成するつもりの議員が無意識に青札を手にしてしまったという話もあります。

青

青のイメージ

青ってすごい！

青は世界で好まれる
色、集中力を高める
色でもある

人間の体にもわかりやすい影響が……

青を見ると血圧
が下がり呼吸が
ゆるやかに

青を寝具に取り入れると
眠りを誘因する

青い車は実際の位置よりも
遠くに見えてしまうので危険!?

調和、従順、協調性で誰とでもうまくいく

性格総合

慎重で真面目。規律を守り、礼儀正しく謙虚です。衝動的に動くよりも計画的に動きたいと思うタイプです。誠実に仕事をしっかりとこなす人です。

青好きには、2タイプの人がいます。

ウルトラマリンのような深く冴えた青が好きな人は色神「従順な柴犬神」がいる人。**グループの調和や協調を大事にして調整をする人です。争いごとが嫌いです。**地位の高い人には萎縮してしまい自分の意見をなかなか通せない一面も。従順でかしこい柴犬のようなタイプです。少し保守的なところがあり、いろいろなものをついじっくりと考えてしまいます。

一方、青の中でももう少し鮮やかなシアンのような青が好きな人は「勇敢なチワワ神」。**自分を表現することが上手で自立心が強い人です。優しく深い愛情をもっています。**見た目は小さくてかわいいチワワのようですが、協調性を大事にしながら、時にはしっかりと自分の主張を口にできる人です。青が好きな人の中でも積極的に何かをしようというタイプです。

人間関係

協調性があり、従順な性格なので人と争うことを嫌います。自分の意見よりも他人の意見を優先してしまいがちです。自分の意見を主張しない人も多い傾向にあるため、周りから「頼りない」「無責任」と見えることも。

ただ一方で、粘り強く真面目に仕事をするタイプなので、周囲からの評価も高く、味方も多いでしょう。

青

青が好きな人の性格分析 ❶

2つのタイプがいます

深く冴えた「青好き」さん

従順な柴犬神

調和と協調性を大事にする
従順な柴犬

鮮やかな「青好き」さん

勇敢なチワワ神

協調性を持ちながら
自分を出せるチワワ

○基本性格

- 調和と協調が大切
- 保守的なところがある
- 衝動的に行動しない

○人間関係

- 自分の意見より
  他人の意見を尊重しがち

○基本性格

- 協調性を大事にしながら、
  自分の意見もいう
- 愛情が深い

○人間関係

- 人と争うことが嫌い
- 人付き合いが少し苦手

「うまくやる」ことが何より重要

◉恋愛

恋愛的には積極的に自分から向かっていくタイプではないようです。ただ、よい機会があれば関係を深めたいと思っている人も少なくないはずです。

調和を重んじますが、心の奥に性的な衝動を隠し持っているかもしれません。

恋愛も真面目に考えますが、不倫や遊びをしないわけではありません。

不倫などに走るときは、正当化する理由を自分の中に求めがちです。青が好きな人にはルールが必要ですが、そのルールは正しい必要はないと考える傾向にあります。

恋愛をストレートに求めてくる「赤」を好む人、「白」を好む人と相性がよいでしょう。

◉健康

忍耐力もあり精神的に強い人なので、ストレス耐性は強いといえます。しかし、落ち込みやすい気質でもあり、基本的に気を使う人なので気苦労はつきまといます。胃腸などの消化器系の病気には注意しましょう。

運動不足になることもありますので、日頃から歩くことを意識するなどの習慣を身につけるように気を配りたいところです。

◉仕事

青は直感力や決断力、探究心を刺激する色です。仕事には真面目に取り組む人が多いようです。知的で賢く調整派、そして慎重なところがあり、事務、研究者、公務員などの仕事に向いています。

青

青が好きな人の性格分析 ❷

○恋愛

- 恋愛は大切に考えているが、自分から積極的には攻めない
- 道を踏み外すような恋には、正当化できる理由やルールを求めがち

○仕事

- 真面目に取り組む
- 知的でかしこい調整派
- 事務、研究者、公務員など

○健康

- ストレス耐性はある
- 気苦労が絶えない
- 胃腸など消化器系の病気に注意

感性を活かせるような芸術的な仕事も向いている人もいます。

◉強みと弱み

誰とでもうまく付き合える、付き合う資質を持っているところが、青が好きな人の強みです。争いを好まず、「うまくやる」ことを重要視します。

弱みは自分の意志や主張が弱いところです。青の中でも色神「勇敢なチワワ神」タイプは自分を表現できますが、色神「従順な柴犬神」タイプは自分をうまく出しにくい傾向に。優しい性格のために人の意見に流されやすく、いつもつい我慢してしまいます。

自分の意見をしっかりと出しつつ、相手の意見も尊重できるようになると、相手も自分も大事にできるでしょう。

水色が好きな人の性格①

創作や表現することが好き！

「水色」ってどんな色？

豊かな水がある日本では馴染み深く、平安時代から使われている色のひとつです。江戸時代には夏の着物の色としても使われました。

不純物の混じっていない水の色は透明ですが、川や池の水は青色に見えることがあります。薄い青を水の色と連想するのは世界共通です。

厳密には空の色を表す空色（スカイブルー）よりも明度は高く（明るく）、やや青緑によっている色です。淡い青色全体を水色として呼ぶことが一般的です。

性格総合

水色を好む人は、感性豊かで自分の気持ちを自由に表現する人です。心の中には色神「創作するラッコ神」が住んでいます。**様々なツールを使ってクリエイティブなこと、表現をすることが得意です。**感性豊かですが「感覚派」というわけでなく、いろいろなものを吸収し、論理的に分析し、新たなものを生み出していくことができるタイプです。自由に心を解放したいと考えるため、自立心が高い人や、まれに「隠れ短気」の人がいます。

人間関係

いろいろなタイプの人と馴染めます。人とよい距離感を保ちながら相手を傷つけず自分が傷つかないように防衛をしていきます。頭のよい人なので、無益な争いを避けて人間関係を構築することができます。

ただ、あまり自分から積極的に人と仲よくなろうとするタイプではないようです。

水色

水色が好きな人の性格分析①

1つのタイプです

創作するラッコ神

創作や表現することが好き、
心を解放したいと考えるラッコ

○基本性格

・クリエイティブなことが大好き
・様々なものを吸収して分析し、
論理的に生み出していく
・隠れ短気な人がいる

○人間関係

・無益な争いは避ける
・あまり自分から
積極的に動かない

水色が好きな人の性格②

才能ある人、感性が豊かな人に惹かれる

恋愛

相手の中に、自分にはない才能や感性があると、無意識にそれに惹かれてしまいそうです。自分の能力や環境を高めてくれる相手が好きです。

水色は未来に向かって進む色でもあります。将来の姿を描けるかどうかが大事で、それができない相手は好きになりにくいでしょう。夢を大事にしてくれる人、自分の夢も大事にする人と気が合いそうです。

「水色」「青」「ピンク」「藤色」「白」など全体的に同系色か淡い色が好きな人と相性がよいでしょう。

健康

水色が好きな人にとって特に大切なのは、睡眠時間ですが、なかなか質のよい眠りにつけていない人も多いはず。水色は穏やかな睡眠を促進する色でもありますが、それを求めているということは睡眠がとれていないとも考えられます。また創造的なことをする人の多くは夜型になりがちです。

体調がいまひとつと感じたら、早めに寝ることでバランスが保てます。

仕事

音楽、文学、絵画などから刺激を受けやすく、自分の表現力を大切にします。新しいものを生み出す能力に長けていて創造力、企画力に優れています。

職種ではプランナー、企画、営業企画、デザイナーなどに向いています。分析能力も高いので、マーケティング、研究者のような仕事にも向くで

水色

水色が好きな人の性格分析②

○恋愛
・相手の才能に惹かれやすい
・将来を感じる相手を好きになる
・夢を大事にする人が好き

○仕事
・新しいものを生み出す仕事が向いている
・プランナー、企画者、研究者など

○健康
・睡眠不足に注意
・体調が優れないときは睡眠をしっかりと

しょう。

また、業界や会社全体をしっかりと分析できるので会社経営にも才能を発揮するでしょう。

強みと弱み

自由に自分を表現したいと考え、ツールを駆使してそれを表現できるタイプです。ＳＮＳで発信し「いいね！」を押してもらうことに強い喜びを感じる傾向にあります。自分を自由に表現できることが強みです。

束縛されたり、自由を奪われて力が発揮できなくなるとイライラすることも。

イライラを軽減する方法をひねり出すよりは、**イライラも新しいものを作り出す原動力とし、自由に表現することが水色好きの人の魅力かもしれません。**

紺が好きな人の性格①

優れた判断力と知恵を持つ賢者

◉「紺」ってどんな色?

日本には藍染めという染めの文化があります。藍という植物の葉を利用して、綿や絹、麻などを紺色に染めます。

江戸時代、八代将軍吉宗の倹約令によって、庶民は茶、鼠、藍の着物しか着られなくなり、多彩な藍色が誕生しました。染めの薄さ別に、「瓶覗《かめのぞ》き」「浅葱色《あさぎいろ》」「納戸色《なんどいろ》」「縹色《はなだいろ》」「濃藍《こいあい》」「紺」「褐色《かちいろ》(勝色)」です。**このような藍色の中で濃い藍色の「紺」が一般的な藍色として使われるようになりました。**

◉性格総合

性格的には安定している人、安定したいと思う人も紺を好みます。**紺が好きな人は、優れた判断力と知恵を有する傾向にあります。**

心の奥にいるのは、色神「賢者のフクロウ神」です。フクロウのようにじっとしていて木の上から、ゆっくりと多くの人を温かく見守っているタイプです。

知識と権威を好むところがあり、責任のある仕事にやりがいを感じます。

◉人間関係

つい偉そうに振る舞ってしまうことがあります。本人の自覚が薄く、陰で悪口をいわれやすい面も。真面目な人が少しだけ「感じが悪い」ことをすると、コントラストから実際よりもより悪く受け止められてしまいがちです。

笑顔と優しい言葉遣いで、相談しやすい雰囲気を作るとよいでしょう。

紺

紺が好きな人の性格分析 ❶

1つのタイプです

賢者のフクロウ神

優れた判断力と知恵を持つ
かしこいフクロウ

○基本性格

・性格的に安定している人
・優れた判断力と知恵を持つ
・権威が好き

○人間関係

・つい偉そうに振る舞ってしまう
・笑顔を意識的に作ると◎

紺が好きな人の性格②

決断力のある責任者タイプ

◉恋愛

恋愛に対しては、相手との距離の縮め方に悩むタイプです。変に気を使って疲れてしまったり、いろいろと考えるうちにわからなくなってしまうことも。

あまり難しく考えることなく、自然な形で進め、「ふたりで楽しい話をして、楽しい時間を共有する」ことを目標にするとよいでしょう。

男性の中には、突然、恋愛でハメを外す人もいるので、注意したいところです。日頃は真面目な人ほど取り返しがつかない事態に陥る可能性もあります。

◉健康

誠実な人ほど精神的なストレスを溜めやすい傾向があり、悩みも自分で解決しようとする傾向があります。友人、知人を作り、悩み相談をすることで精神的なストレスは軽減されるでしょう。

また少し運動不足ではないでしょうか？　紺が好きな人はインドアで過ごす時間が多くなりそうです。たまには明るい色を着て、ジョギングやウオーキングなどをしに外に出るのがおすすめです。

◉仕事

責任のある立場で意思決定をする仕事が向いています。部門の責任者、営業責任者などから経営に携わる仕事、珍しいところでは裁判官といった仕事にも向いています。

判断力があり、人を指導する能力も高いので教師、講師などの仕事にも向いているでしょう。

紺

紺が好きな人の性格分析 ❷

○恋愛
・相手との距離のとり方がよくわからない
・自然な形で進めるのがよい

○仕事
・責任のある立場、仕事にやりがいを感じる
・営業責任者、部門長、教師、講師なども

○健康
・ストレスを溜めてしまう傾向が
・運動不足ぎみなので、適度な運動を心がけたい

◉強みと弱み

強みは優れた判断力と知恵を持っているところです。人は基本的にどのような場面でも自分で決めたがらない性格ですが、紺が好きな人は決断力もあります。

一方で、自分で選んだ、正しいと思う正論をぶつけてしまうことがあります。表現が強いことがあるので、誤解もされやすい点は弱みといえるでしょう。内心をあまり表情に出さないので、何を考えているかわからないといわれることもあります。

優れた知恵や判断力を持つが故に、人からは尊大だと誤解されてしまうのは残念です。気になる人は相手を尊重するような話し方を少し意識しましょう。

紫が好きな人の性格①

歴史的に特別な意味を持つ不思議な色

◉「紫」ってどんな色？

紫は古代ローマ、中国、日本でも貴重な色であり、地位の高い人しか使用が許されない色でした。世界中で高貴なものや威厳あるものの象徴として紫の色が活用されています。

ところが、使い方に失敗すると非常に品がなく見える色になるのも、おもしろい点です。

また紫は神秘的な色でもあります。ローマ法王庁の司教の衣装や、僧侶の紫の衣装に代表されるように、宗教、神様、仏様に関係するものを連想する色です。一方、年配の方が髪を紫に染めていることもあり、妙に身近で親しみやすい雰囲気も持ちます。

このように、**紫は極端な二面性を持っているのです。**そのため、好感度の高い色であると同時に、紫が嫌いという人も多くいます。

紫は疲労を軽減させて心を落ち着かせる心理効果があります。青と同様に睡眠や瞑想に誘導する色ともいわれています。

また、食欲を減退させる色でもあり、キッチンでの使用はあまりおすすめしません。

一方、紫の色の服を着ると、感覚が鋭くなるともいわれています。

紫は非常に貴重な色であり、不思議な魅力がある色ですが、じつは最初に合成でできた人工染料の色も紫です。

19世紀に生まれたそれはモーブと名付けられ、ヴィクトリア女王もモーブで染めた服をまとったといわれています。それまではごく一部の人しか使えなかった紫は、そこから一般の人にもひろく普及していくようになりました。

紫

紫のイメージ

紫は高貴なものや神秘的なものをイメージする色なんだ

お寺のイメージもあるね

紫の効果

紫系の色は心を落ち着かせる心理効果がある

ただし食欲を減退させる効果もある

冷静と情熱の間にいるアートなタイプ

◉性格総合

紫は不思議な色で、理性や知性、調和といった「〃静〃の青」と、行動、情熱といった「〃動〃の赤」を混ぜて作る色です。そのため紫が好きな人の性格も複雑で、不思議な魅力があります。

心の中には色神「アートなコアラ神」が住んでいます。**人と同じことを好まず、雑多なことに縛られず、感覚的に生きています。**冷静な面と情熱的な面があり、ときに自由に行動します。

穏やかに見えて実は凶暴な一面もあるコアラによく似ています。

紫はその関連色（紫、赤紫、藤色など）と同様に芸術家に支持される色でもあります。紫を好む人は豊かな感性を持つ芸術家傾向といえます。

また神秘的なものに惹かれている人も紫を好みます。紫が感覚を研ぎ澄ませてくれると感じるからです。一部には自分自身が神秘的に見られたい、高貴に見られたいと願って紫を好きになる人もいます。そうした人は気取り屋だったりします。

◉人間関係

なかなか理解されないタイプのため、人間関係は苦労しそうです。紫が好きな人の行動は他者から見ると「気まぐれ」に見えてしまうことがあるからです。

冷静に話していると思ったら、次の瞬間に大胆な行動に出ていたり、黙っていたのに何かがひらめいて急に話し出す傾向もあるようです。

人から見られることを意識する人もいますが、基本的には人との付き合いが好きではないタイプが多いようです。

紫

紫が好きな人の性格分析 ❶

1つのタイプです

アートなコアラ神

青の“静”と
赤の“動”を
併せ持つアーティスト

○基本性格

・人と同じことをするのが苦手
・感覚的な生き方をしている
・冷静な面と情熱的な
面の両方を持っている

○人間関係

・なかなか人から理解されない
・あまり人付き合いが
得意ではない

恋愛も仕事も、研ぎ澄まされた「感覚」で

◉恋愛

恋愛にも感覚的に動きますが、そのすべてがうまくいくわけではありません。純粋に紫に惹かれる人は洗練された生活を送り、人と親密に接するような場面を避ける傾向があります。

また紫の神秘的な部分に憧れている人は、人が集まってこないために紫に憧れている面もあります。

どちらにしても、恋愛とは少し距離のある性格だといえる人も少なくないようです。

よき理解者ということで「藤色」「赤紫」などの色が好きな人との相性はよいですが、同じ傾向の人とは馴染めない可能性も。いっそのこと真逆な「黄色」を好きな人のまぶしさが、よい刺激になる可能性が高いといえます。

◉健康

紫が好きな人のような感覚的なタイプによくありがちなのが、他人の健康状態はわかっても自分の健康状態に鈍感な一面です。

定期的な健康診断など、日ごろからこまめにチェックしましょう。

◉仕事

芸術的な仕事、文化的な仕事、アーティスト、写真家、音楽家、茶道家、書家などに向いています。

また、神秘的な雰囲気を醸しだす直感を必要とする仕事もよいでしょう。占い師やスピリチュアル関係の仕事も合っているかもしれません。作業を行なった対価として収入を得ることよりも、

紫

紫が好きな人の性格分析 ❷

○恋愛

・恋にも感覚的なタイプ
・時間をかけて人間性や個性を相手に理解してもらえるとうまくいく

○仕事

・芸術的な仕事、文化的な仕事が向いている
・自分の個性を活かせる仕事は何か、を基準に仕事を選定するとよい

○健康

・自分の健康に無頓着になりがち
・こまめな健康チェックを

自身の存在によって収入を得るほうが好ましいと感じる傾向にあります。

◉強みと弱み

紫が好きな人の強みは「直感力」です。研ぎ澄まされた感覚が強みです。

一方で、人から理解されにくい点は、弱みといえますが、それは紫が好きな人の個性でもあります。人に迷惑をかけない範囲で、自由に自分の感覚的なものを伸ばしていくとよいでしょう。

人と違っているところを直そうとするよりも、人と違うところを伸ばしていくことで、さらに魅力的な人物になれるはずです。

赤紫

が好きな人の性格①

直感力と行動力を併せ持つ

「赤紫」ってどんな色？

14世紀にイタリアを中心として興ったルネサンスでは、装飾的な服飾文化が広がりましたが、その中でも赤紫は代表的な流行色のひとつ。19世紀のイギリス、ヴィクトリア朝でも流行色となりました。**歴史的に重厚さと洗練さを持つ華麗な色のひとつです。**

色の三原色のひとつで「マゼンタ」とも呼ばれています。

性格総合

赤紫が好きな人は紫の「直感的」な部分と、赤の「行動的」な部分を併せ持っています。紫が好きな人は、人から離れて自分らしさを出していこうとするのに比べ、赤紫が好きな人は外に出て、洗練された自分を評価されたいという願望を持ちます。

心の中にいるのは色神「直感力と行動力のトビネズミ神」です。**警戒心が強いところがあり、直感的であり社交的なところもあります。**

赤紫が好きな人の中には、自分の価値を自分で認められる「自尊感情」が低い人もいて、その場合は自分をよく見せようと少し無理をしたり、人を批判してしまう人もいる傾向にあります。

人間関係

紫が好きな人よりも、人との付き合い方は上手です。ただしちょっと変わっているところが強く出てしまうと、少し付き合いにくいと思われてしまうかもしれません。自分の高い理想を人に押しつけないように注意しましょう。

赤紫

赤紫が好きな人の性格分析 ❶

1つのタイプです

直感力と行動力のトビネズミ神

直感力と行動力を併せ持つが、
少し無理をして跳んでしまうトビネズミ

○基本性格

・直感力と行動力を併せ持つ
・自分をよく見せようと
　無理をするところも
・ピンクの「戦略的な猫神」に
　近い感情的な一面も

○人間関係

・自分の理想を高く持っている人
・人付き合いは上手

紫が好きな人と
似ている部分と、
そうでない部分が
あるんだね

芸術家肌のこだわり屋さん

恋愛

恋愛に対する理想が高く、相手に対してもこだわりを持っているようです。あまりこだわりすぎるとチャンスを逃す可能性もあります。

相手を許す気持ちを持って、人のよいところを見ようとすることで恋愛が成就しやすくなります。自分の理想と同じレベルのものを相手に求めないように注意し、相手の個性も大事にしたいところです。

同系の紫系の色だと感性がぶつかってしまう危険性があります。相手の色を引き立てる無彩色の「白」や「黒」が好きな人との相性がよいといえます。

健康

無意識に人と比較してしまい、ストレスを溜めてしまう危険があります。赤紫が好きな人はストレスを軽減したり、かわしたりするのが上手ではないようです。相手にイライラするなど精神的なストレスを日頃から溜めないようにしてみてください。

ポジティブにものを捉えて、批判的に生きないことが健康のためにもなりそうです。

仕事

芸術的な仕事、文化的な仕事が向いています。アーティスト、写真家、音楽家、華道家などの仕事がよいでしょう。

評論家、批評家、イベントやキャンペーンなど

赤紫

赤紫が好きな人の性格分析 ❷

○恋愛
・理想が高く、こだわりを持っている
・感性で相手とぶつかることも

○仕事
・芸術的な仕事に向いている
・アーティスト、写真家、音楽家、評論家、イベント企画など

○健康
・ストレスが溜まりやすい
・健康のためにも批判的に生きないことが大切

の企画の仕事も向いていますが、なかなか妥協できない性格なので、商業的なものは納期や予算管理に注意が必要です。

◉強みと弱み

赤紫が好きな人の強みは、感覚的に優れた部分と、それを実行に移すことができる行動力です。文化や芸術を深く理解する豊かな感性もあります。

弱みは、高い理想を掲げてみたものの妥協できずにこだわりすぎたり、途中でプツッと冷めて切れてしまうところかもしれません。

また、自分に自信を持ちきれない面もあります。**自分の価値をしっかりと自分自身で認めてあげましょう。感性豊かですばらしい自分を好きになってあげてください。**

藤色が好きな人の性格①

感性豊かでクリエイティブ、そして繊細

「藤色」ってどんな色？

日本の各地に自生し、古くから親しまれている藤の花から名付けられた色です。

多くの歌人が愛した上品な色です。浅い青紫を指す色でラベンダーに近く、日本伝統色の藤色はやや鮮やかですが、実際は淡い青紫全体を藤色と呼ぶこともあります。

藤色は女性ホルモンの分泌を促す色ともいわれ、ピンクと同じように女性をより女性らしくする色です。**また創造の色でもあり、青みに近い藤色はよりクリエイティブな感性を刺激し、藤色に赤みが加わると行動的な感性を刺激します。**

性格総合

水色が好きな人の性格と近く、「表現する」というクリエイティブなところが似ています。ただし藤色が好きな人はより感覚的な部分が強く、感性豊かなタイプです。

心の中にいるのは色神「繊細なウサギ神」です。芸術的なものが好きで、優しくて愛らしいウサギのように人から愛されるところがあります。思いやりがあり、人に対しても優しい性格です。

人間関係

人見知りをする部分はありますが、人と仲よくなるのは得意です。優しい性格なので、周囲からも慕われます。

人を押しのけて前に出るようなことはなく、謙虚で周りと調和することをうまく考えます。繊細な部分があるので、人間関係で傷つくことがあるかもしれません。

藤色が好きな人の性格分析 ❶

1つのタイプです

繊細なウサギ神

クリエイティブで感性豊か、
心優しいウサギ

○基本性格

・クリエイティブな人
・感性が豊か
・優しくて繊細な性格

○人間関係

・人見知りをするが、
人間関係を構築するのは上手
・人との調和を考える

恋愛でも「優しさ」がベース

恋愛

恋愛は、藤色が好きな人の価値観の中でも重要な地位を占めます。

男女共に優しい恋愛を求める傾向にあります。藤色が好きな人の恋愛は、相手に「何をしてあげられるか」を考えます。相手に優しく接しますが、少し小悪魔的なところもあり、相手の愛情を確かめるような言動に出てしまうことも。

女性の場合、パートナーがいてよりハッピーになりたいときにも藤色を求める傾向があります。

藤色が好きな男性は、女性を喜ばせるためにいろいろな工夫をするタイプ。少し女性的な感覚もありそうです。

健康

精神的にも肉体的にも不調なときに藤色を見るとより不調になり、受けつけないこともあります。逆にいえば、藤色を受け入れられているということは、心身共に健全な状態の場合が多いといえそうです。

特に女性は藤色に敏感です。もし藤色が嫌だなと思ったら、自分の心身の状態に耳を傾けてみるとよいかもしれません。

仕事

特定の専門分野に強く、自分にしかない武器を持っていることで仕事に活用できます。自分の武器をわかっている人はそれを磨くこと、ぱっと思い当たらない人は武器をぜひ探してみてください。

藤色が好きな人の性格分析 ❷

○恋愛
・優しい恋愛を求めている
・女性は小悪魔的な一面も

○仕事
・特定の専門分野に強い
・デザイナー、美容師、エステティシャン、ネイリストなど

○健康
・健康的な生活を送っている
・突然、藤色が苦手になったら注意。心身のどこかが不調かもしれない

人当たりもよいので人と向き合う仕事にも合っています。デザイナー、美容師、エステティシャン、ネイリストなどが向いています。

強みと弱み

感性が豊かでクリエイティブ、そして人に優しいところが藤色好きの強みです。ピンクが好きな人よりも創造的で、水色が好きな人よりも優しい傾向があります。

弱みは、優しい性格の影響のためか、繊細で傷つきやすく、少し不安定なところかもしれません。**ひとりの時間をしっかり作ってリセットすることで、また次の挑戦ができるようになるでしょう。**

白

が好きな人の性格①

世界中で崇高な色として使われる色

「白」ってどんな色？

白は古代日本で「黒」と「赤」の色が生まれた後にできた色名といわれています。そのような生い立ちから考えると、「黒」の反対は「白」ではなく「赤」なのかもしれません。

「白」には「はっきりと見える」という意味の「顕《あらわ》す」という意味があり、「知る」「印《しる》す」という言葉から「白」になったといわれています。

白は世界中で崇高な色として扱われてきました。白蛇、白鳥、白鼠、白狐など白い動物は神の化身や使いなど「神聖な生き物」とされています。

古代エジプトで白は全能の意味を持ち、天上界にかかわるとされるローマの神官も白衣をまといます。ビザンチン様式、ロマネスク様式でも神聖な色として扱われてきました。

白には「純粋」「無垢」「清潔感」という清らかで澄んだイメージと同時に、「冷たい」「別れ」のような悲しい負のイメージもあります。

ウエディングドレスが白いのは「処女」「純潔」の象徴です。

日本でも室町時代にはすでに婚礼に白無垢を着る慣習がありました。白無垢は「無垢」の象徴でもありますが、家を出るときには死をも覚悟する「白装束」の意味もありました。

また、日本人女性の多くは「美白」に対して興味があるといい、色白＝美という意識を強く持っています。

白はよいイメージと合わせて「若さ」の象徴でもあるため、多くの人が惹きつけられるのかもしれません。

白

白のイメージ

白は神聖な色として、世界で使われている

白が表すメッセージ

白い動物は神の使いとして、神聖なものとされている

降参を意味する白旗は相手国の国旗を書いてくれという意味

白は「若さ」の象徴と日焼けをしない「セレブの象徴」として求められている

白が好きな人の性格②

完璧な美意識主義か、演技派のどちらか？

性格総合

白が好きな人は、完璧主義者なので努力を惜しまないタイプです。真面目で優れた才能を持っています。

白が好きな人の心の中には色神「美意識の高い白鳥神」が住んでいます。**恋愛でも仕事でも美しい形と高い理想を持っていて、それに対してストイックに自分を律する努力家ですね。**

ところがなかには、白が好きだけれど努力家ではないというタイプも。その人の心の中には色神「演技派のカラス神」が住んでいると思われます。**白に憧れるあまり白を好きになった人で、白い服、白い持ち物を得ることで理想的な生活に手軽に近づけると考えがち。**目立ちたがり屋ではありませんが、多くの人の心にこっそりと印象を残したいと考えています。

実は白が好きな人の多くは、こちらの「演技派のカラス神」のほうで、孤独が好きか、孤独な人間を演じてしまうこともあります。

人間関係

本当に白が好きな「美意識の高い白鳥神」タイプは、理想的な状況を相手にも求めるので、部下や後輩などはなかなか困っていると思います。自分にも相手にも厳しく接してしまいがちです。なかなか人がついてこないタイプかもしれません。

「演技派のカラス神」のタイプは、真の理想実現よりも理想を目指している自分が好きなので、人間関係も人の目を気にして意外とうまくやっていけます。ただし、孤独を演じることがあるので付き合いはよいほうではなさそうです。

白

白が好きな人の性格分析 ①

2つのタイプがいます

白が本当に好きな「白好き」さん

美意識の高い白鳥神

努力家で完璧主義者、
才能あるハクチョウ

◎基本性格

・高い理想を持っていて
自分を律して進んでいく
・努力家で真面目

◎人間関係

・自分にも他人にも厳しい

白に憧れる「白好き」さん

演技派のカラス神

白に憧れ、白の効果を
取り入れたい演技派のカラス

◎基本性格

・実は人の心に
印象を残したい
・大勢よりひとりが好き

◎人間関係

・人付き合いは
わりと上手にこなす

恋をすると「白」を求める人も

恋愛

女性は恋をするとピンクを求めるようになる傾向にありますが、一部の人は白を求めるようになります。相手から「清楚」「気品」「清潔感」を持っている人に見られたい心理からです。ただし関係が浅いうちにファッションで白を多用すると「冷たい」印象を持たれる可能性もあるので要注意です。

白は自分以外の相手を品よく引き立てる色でもあります。白が好きな人も、引き立て上手。女性、男性問わずに、相手のよいところをほめて伸ばして恋愛関係を深めていくとよいでしょう。

健康

白は健康によいとされている色です。白い下着、服を身に着けていると体によい光を透過してくれます。また肌を健康的に見せる色なので、心理面からも健康に気を使うようになり、無意識に健康に敏感になります。ただし目に負担がかかることもあり、目のケアには注意したいところです。また白い服を着た相手を見て、病院などを連想することでなぜか心臓がドキドキするような人は心配性の人か、健康に不安がある人かも。チェックをしてみてもよいかもしれません。

仕事

真面目で才能がある人なので、いろいろな仕事をうまくこなすことができます。努力家で完璧主義な白好きさん、またはそのようなタイプに憧れをもつ白好きさんは、特に研究職ではその才能を発揮できそうです。科学者、教育研究者、料理研究家、美容家、タレントなどに向いています。

白

白が好きな人の性格分析 ②

◎恋愛

・白が好きな人は相手を引き立てるのがうまい
・相手のよいところを伸ばすようにして、恋愛を発展させたい

◎仕事

・研究職で才能を活かせる
・科学者、教育関係者、料理研究家、美容家など

◎健康

・健康に敏感なほうで、健康的な生活を送る傾向に
・目の疲れに注意

医師の才能もありそうです。困難な仕事もしっかりとこなすことができるでしょう。

強みと弱み

「美意識の高い白鳥神」タイプは、「心が強い」ことが強みでもあり弱みでもあります。自分の理想実現のために突き進む一方で、周囲の人にも圧力を与えてしまう可能性も。**本来、白は相手を引き立てることが上手な色です。「自分が」だけでなく、人を信じてうまく使えるようになると強みがさらに増すでしょう。**

「演技派のカラス神」タイプが求める「美意識の高さ」は、自分を高める強みになります。ただ、人の目を意識しすぎて自分の意志を強く出せない人がいます。**そんなときはビビッドな色を少し身につけるようにして、色の力で行動を促進するとよいかもしれません。**

黒が好きな人の性格①

プラス面とマイナス面を併せ持つ強い色

◉「黒」ってどんな色？

陽が沈んだあとの「暗い」「暮れる」という表現に連なる、といわれています。**黒は極端で強い色で、使い方次第では「不吉」「絶望」「闇」といった悪いイメージを強く発信する一方、「フォーマル」「神秘的」「モダン」といった格式や洗練されたイメージも持っています。**

「白」と同様、両極端なイメージがある強い色です。

ファッションはもちろん、電化製品などにもカラーバリエーションのひとつに加えられやすい色で、黒は男性人気のほうが高いといえます。ところが、「好きな服の色」となると女性に圧倒的に支持されるのもおもしろい点です。

ある分野に精通した人を「玄人《くろうと》」といいます。「玄」とは何度も重ねた「黒」のこと。染めは色を重ねていくと黒のような深い色になっていくことから、経験豊富な人を指すようになりました。

また、裁判官が着る「黒い服」には「どんな意見にも染まらない」という意味があります。**黒には心理的にも外部の意見から自分を守る効果があります。**

ちなみに学校にある黒板は「黒」という漢字を使うものの、黒ではなく深い緑色をしています。しかし、このことを不思議に思っていた人は、少ないのではないでしょうか？

明治初期、日本に持ち込まれた黒板は本当に黒かったのです。ところがチョークの「白」と「黒」の強いコントラストのせいか長時間見ているのには向かず「緑」になったともいわれています。

黒

黒のイメージ

裁判官の黒い服には
どんな意見にも染ま
らない、という意味
があるよ

室内に黒があると
モダンなイメージに
なるよね

「黒」と「言葉」

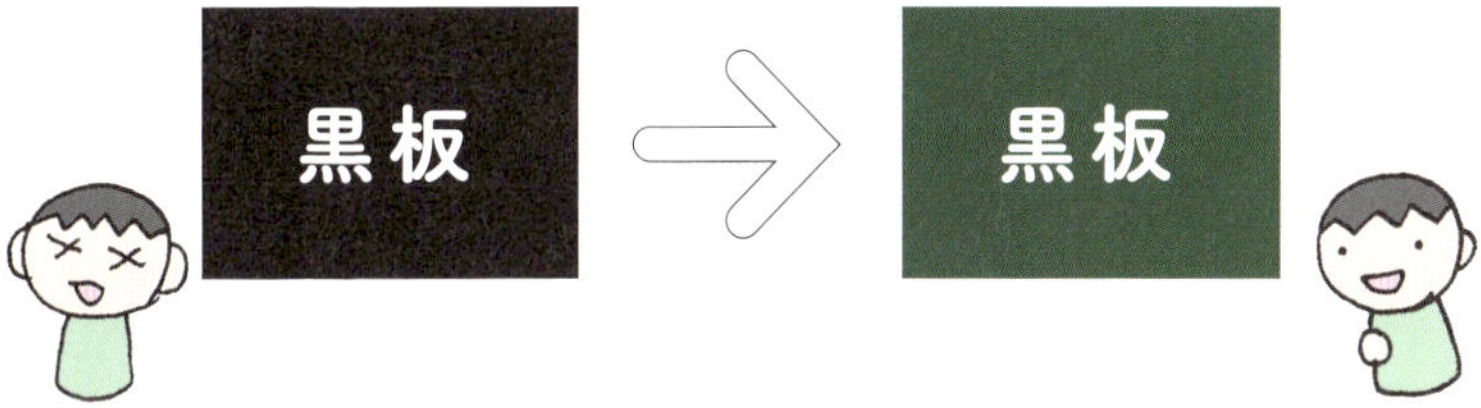

「黒板」は昔は本当に黒かったが、
チョークの白とのコントラストがきついという指摘もあった。
緑色になってからは長時間見ていられるようになったという説も

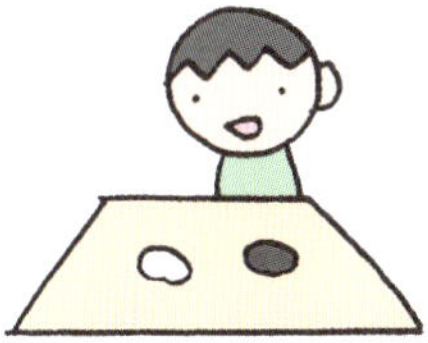

「白黒つける」という言葉は囲碁からきている。最終的な白と黒の石の数を競うため、はっきりと決着をつけるという意味で使われるようになったとも

黒を使いこなす人、黒に頼る人

◉性格総合

黒が好きな人は、洗練された生活を送っています。人を動かす資質があり、発言力もある人です。**黒の中に聡明さを感じ、黒を周囲に置くことで、モダンで優雅な日々を送りたいと思っているのではないでしょうか。**心の中には色神「都会のペンギン神」が住んでいます。

一方、黒の力に頼ろうとする人もいます。洋服など、つい無難だからと黒い服を選んでしまうような人は、**人の目を気にするタイプで、失敗をしたくないと考え、一定の評価を得られる黒い服を好んで着る傾向にあります。**黒に逃げる人の心の中には色神「隠れ名人のリス神」がいます。黒の強さに依存するクセがあり、高貴な存在や神秘的な存在に憧れています。

◉人間関係

黒をしっかりと使いこなしている「都会のペンギン神」タイプは、支配的であり、人をコントロールする力に長けています。責任ある立場にいる人かもしれません。人を信頼していない面があり、人に自分の心を見透かされることを過度に嫌います。

また、黒の力に頼ろうとする「隠れ名人のリス神」タイプは、人の目を気にしすぎるきらいがあります。他人はそれほどあなたに着目していないはず、もっと自由に自分の気持ちを解放してもいいでしょう。

また自分を守りたいときは、黒い服を着るとよいでしょう。黒はすべての色を吸収、遮断する強い色なので、着ている人を守ります。

黒

黒が好きな人の性格分析 ❶

2つのタイプがいます

黒が本当に好きな「黒好き」さん

都会のペンギン神

都会の中で姿勢を
正して佇むペンギン

○基本性格

・聡明で発言力がある
・洗練された
日々を送っている

○人間関係

・人を動かす資質がある

黒の力を借りたい「黒好き」さん

隠れ名人のリス神

黒の強さに
つい依存するリス

○基本性格

・失敗ができない、
したくないという
不安を抱えている

○人間関係

・人の目を気に
しすぎる傾向に

黒が好きな人の性格③

黒の強さの力を借りる

◉恋愛

自分の心を開くことができずにいるため、恋愛もなかなか発展させることが難しいでしょう。アプローチの仕方にも迷うことが多いのではないでしょうか。もう少し素直に自分の「素」を見せてもいいのかもしれません。

黒の力に頼ろうとする人は、特に失敗することに強い不安感があります。失恋や恋愛で嫌なことを経験すると、黒を自然と求めてしまう心理があります。ただし、新しい恋を始めるためには、黒に固執しないほうがよいこともあります。

◉健康

「都会のペンギン神」タイプは、自分の体に対して少し鈍感なところがあり、微妙な調子の変化を見逃してしまいがちです。健康に対して少し敏感になりましょう。

逆に「隠れ名人のリス神」タイプは、健康に過敏に反応します。精神的にも自分を追いつめてしまう傾向がありますから、自分を自由に解放してあげることで、精神的なストレスから解放されるでしょう。

◉仕事

「都会のペンギン神」タイプは、権威に対しての執着があり国家公務員、政治家などに憧れる傾向があります。企業でも出世欲が強く、組織の中で頭角を現します。

「隠れ名人のリス神」タイプは、自信のないデザイナー、音楽家などのアーティストにも多くいます。

黒

黒が好きな人の性格分析 ❷

○恋愛
- 進展の仕方がよくわからない
- 新しい恋のためには
  黒へ固執するのは控える

○仕事
- 出世欲が強いので大企業向き
- 占い師など神秘的な仕事が
  合っていることも

○健康
- 「都会のペンギン神」タイプは
  自分の健康に関して鈍感
- 「隠れ名人のリス神」タイプは
  精神的に自分を
  追いつめないように

女性は占い師などの神秘的な仕事にも憧れ、実際にうまくいくことが多いでしょう。

◉強みと弱み

黒が好きな人の強みは精神力です。強い気持ちで様々な困難を乗り越えることができます。一方、やり方が強引だったり、こだわりすぎるあまり、全体的な調和（特に人間関係）が崩れてしまうことがあります。その点は注意しましょう。

黒の力に頼ろうとする「隠れ名人のリス神」の人は精神力の弱さが弱点です。**周囲の視線や評価に振り回されないよう、自分らしさを出していくほうがうまくいくはずです。**

色鮮やかな魅力が心の中にあれば、それを強く引き立てるのが黒の強みでもあります。

茶色が好きな人の性格①

心が広く、頼れて寡黙

◉「茶色」ってどんな色？

木の幹、土の色、チョコレート色とも称される色です。「お茶の葉」といえば緑茶の緑のイメージですが、**茶色とは、「お茶の葉」を染料として使ったときに出る色に由来するという説もあります**。

江戸時代には庶民が身につけることができる限られた色のひとつであり、一般に広まりました。日本には多種多様な種類の茶色が存在します。

◉性格総合

茶色が好きな人はちょっとはにかみ屋さんかもしれません。**口数は多くないですが、広い心を持っていて、弱い人を助けようとするタイプです**。自分を大きく見せたり、ウソをつくようなことはしません。

心の中には色神「はにかみつつ優しいクマ神」が住んでいて、優しい心で人々を助けようとします。

また農業など、自然のなかで仕事をしている人に好まれる傾向があります。これは日頃から土などの「茶色」を見ている時間が長く、愛着を持っているためかもしれません。

◉人間関係

責任感が強く、人が嫌がる仕事もするので、周りからの人望は厚いでしょう。人付き合いは積極的ではないですが、「一緒に仕事をしていると安心する」「信頼できる」といわれるタイプの人です。

自分から友人関係を広げることはしないので、友人の数は多いほうではありませんが、その人柄に惹かれて自然と人が集まってきます。

茶色

茶色が好きな人の性格分析 ❶

1つのタイプです

はにかみつつ優しいクマ神

責任感が強く心が広い、頼れる寡黙なクマ

○基本性格

- 困っている人を助けられる優しい人
- 自分を盛ったりウソをつかない
- 頼れる存在

○人間関係

- 責任感が強く人から頼られる
- 自然と人が集まってくる

茶色が好きな人の性格②

恋人より友人に選ばれやすい？

◉恋愛

恋愛は少し苦手なタイプかもしれません。優しくて人のために動いてしまう性格なので、恋人よりも友人として慕われてしまう可能性も。ときには「自分から押すこと」を意識して、関係を築いてみるとよいでしょう。

よくもわるくも我慢をしてしまうタイプなので、生活に「赤」や「橙」のものを取り入れるようにしましょう。次第に自分の発信力が磨かれます。

女性は、メイクに「ベビーピンク」などの明るい色を取り入れることを意識してもよいかもしれません。

恋人がいたり結婚している人は、マンネリ化していませんか？　日常にビビッドな色を取り入れて、刺激的な生活を意識しましょう。

◉健康

不注意によるケガなどに注意したいところ。茶色が好きな人はどっしりとかまえておおらかなので、細かいところに目が行き届かない一面もあるといえるからです。

ストレスが溜まりにくい性格で、精神的には安定傾向にあります。それでも、最近ストレスがあると感じる人は、観葉植物など緑のものを部屋に置くといいでしょう。緑の色が精神的に助けになり、免疫力の強化などに期待ができます。

◉仕事

安心感のある対応は販売員としても成功しそうです。洋服や雑貨などの販売店よりは、花屋、園芸店などが向いているかもしれません。人付き

茶色

茶色が好きな人の性格分析 ❷

○恋愛

- 恋人より友人と認識されやすい
- 恋愛で押していくのが苦手
- 相手がいる人は少しマンネリ気味

○仕事

- 人に対してもやわらかく、園芸店などの販売員が向いている
- 農業に携わる仕事、陶芸家など

○健康

- 不注意によるケガに注意
- 精神的には安定している人が多い

合いが苦手な人は、農業に携わる仕事にも向いています。

根気よくひとつのことをやりとげる陶芸家のような仕事もよいでしょう。精神的に安定感があり、我慢強いので、多くの人が苦手とする仕事もコツコツできるはずです。

◉強みと弱み

優しくて心の広いところ、そして物事に動じないで対応できる精神安定力が強みです。包容力があるので、周囲の人から頼られ、信頼されるでしょう。

一方で、行動力が少し弱いところ、個性が弱いところが弱点でもあります。

何か自分らしい武器を身につけることで、さらに強みに磨きがかかるはずです。行動力のある友人と一緒にでかけてみると、多くの気づきがあるかもしれません。

グレイが好きな人の性格①

控えめで良識あり、ときどき不安になりがち

「グレイ」ってどんな色？

グレイ（灰色）は白と黒を混ぜて作る色、無彩色のひとつです。

グレイは明度差によって実に様々な色があります。明度が高い（白の量が多い）パールグレイ、シルバーグレイや黒に近いスチールグレイ、チャコールグレイなど種類も豊富です。

グレイは、一見白と黒の中間色のようなイメージですが、じつは白よりも黒の影響を強く受けている色でもあります。江戸時代から「鼠《ねず》」として庶民を中心に流行した背景もあり、日本人には馴染みのある色です。

性格総合

グレイを好む人は控えめで良識のある人です。相手のことを考えて役に立ちたいと考える人が多く見られます。**自分が前に出ることよりも、誰かのためになることを願っているタイプです。**心の奥にいるのは色神「慎重で控えめに走る馬神」です。心の用心深く慎重な性格で、耳を立てて周囲を警戒しています。心の底には不安もありそうです。暗いグレイを好む人は黒の性格に近く、無難なものとして選択してしまう人もいるでしょう。

人間関係

人間関係はあまり得意ではなく、人を避けるところがあります。優柔不断な面もあり、ものごとを決断せず、できたらあまり人とかかわりたくないと考える傾向が強いともいえます。でも、心の中には人から「よく見られたい」と願う深層心理も隠されていそうです。

グレイが好きな人の性格分析 ❶

1つのタイプです

慎重で控えめに走る馬神

誰かのためになることを願う良識あるウマ

○基本性格

・控えめで良識のある人
・用心深く慎重な性格
・心の奥に不安を抱えている

○人間関係

・人が苦手でできたらあまり
　かかわりたくないと思う
・でも人からはよく見られたい

ファッションでは
無難な色として
選ばれるよね

真面目でバランス感覚よし

恋愛

自分の心の内をなかなか人に見せないタイプなので、好きな相手にも素直に自分の気持ちを伝えられない一面があります。

特徴的なのは、明るいグレイを好む男性は、かわいいものが大好きな「ピンク」好きの女性との相性がばっちりだという点です。

一方、暗いグレイを好む女性は、「赤」が好きな行動的な男性にぐいぐい引っ張ってもらうとよいでしょう。

注意したいのは、グレイが好きな人同士の場合。行動が停滞し、発想が外側に向かって開いていかないので、相性がよいとはいえないかもしれません。

健康

グレイが好きな人は慎重なタイプが多く、健康面にも気を配る傾向があります。なぜなら、ライフスタイルがルーティンになりやすく、同じことを繰り返すことで安心感を持つからです。新しい場所にでかけることも少なく、また、グレイは自分のエネルギー消費も運動も抑制するため、運動不足になりがちです。

ウオーキングや会社帰りに少し歩くなど軽い運動を心がけましょう。

仕事

慎重で真面目、バランス感覚にも優れています。男性は会社員全般、会計士、販売員などの仕事が向いています。物事をどんどん決断していくよ

グレイが好きな人の性格分析 ❷

○恋愛
・明るいグレイを好む男性は、
ピンクが好きな女性と相性がよい
・暗いグレイを好む女性は、
赤が好きな男性と相性がよい

○仕事
・真面目でバランス感覚にも優れる
・会計士、販売員、秘書、教師、介護士など

○健康
・健康面には日頃から無意識に気を配っている
・運動不足気味

うな仕事よりも、決められたことをしっかりこなす仕事が向いています。女性は秘書、教師、介護士などの仕事でより力を発揮するでしょう。

◉強みと弱み

無駄な冒険を避けて慎重に行動し、失敗を回避する危機管理の高い能力は強みになります。ルーティンの仕事をしっかりこなせる能力も、大切に伸ばしていきたい長所です。

一方で慎重な行動を優先しすぎると、新しい趣味や仕事の幅を広げる機会が減り、それが弱点ともなり得ます。心の奥にある不安感はときとして行動のストッパーになってしまいます。

積極的に挑戦する気持ちも忘れないでください。グレイが好きな人なら、挑戦して万が一うまくいかない場合でもリスク回避は上手なはずです。

金が好きな人の性格①

金運に自信あり、の保護者タイプ

「金色」ってどんな色？

金は強い反射の性質を持つため、純粋な色としては表現できない存在です。他に、銀色や銅色も色の性質だけでなく、反射率も関係して色のように感じているものといえます。

ところが、特に金色は人気色のひとつとして、「色」として広く認知されています。**金色は黄金や財産の象徴として使用されることが多く、世界中で金色に魅了されている人は多くいます。**

国旗や紋章に使われることもありますが、その場合は金色の代用として「黄色」を使っているケースが多々あります。

性格総合

金色が好きな人はお金に対して執着心があり、権力が大好きです。**大きな夢を持ち、それを実現していくバイタリティがあります。理想が高く、人生を満喫することに努力を惜しみません。**

心の中にいるのは、黄金色に輝く巨大な色神「金塊を運ぶクジラ神」。基本的には浪費家で「美」「快楽」のためにはお金に糸目をつけません。金運がよい、または根拠なくよいと思っているタイプです。そして強い承認欲求を持っています。

人間関係

基本的には自分にも人にもお金を使える、保護者のように面倒見がよいタイプで、多くの人に慕われます。

ところが金が好きな人の中には浪費ではなく、貯蓄に強い快楽を持つ人も。ケチな人もいて、人とムダに関係を作ることを嫌います。

金

金が好きな人の性格分析 ❶

1つのタイプです

金塊を運ぶクジラ神

人生をとことん満喫!
バイタリティ溢れるクジラ

○基本性格

・お金と権力が好き
・人生を満喫しようとする
・金運が自分にはあると
思っている

○人間関係

・面倒見がよい人が多い
・自分は特別だと、
傲慢な態度にならないよう

恋愛は「見た目重視」の傾向に

◉恋愛

恋愛では、見た目を重視する傾向にあります。相手の顔やスタイルにときめくところから恋愛が始まるタイプでしょう。恋も自分を高める価値のひとつと考えて、人からどう見られるかということを気にします。見た目がよいパートナーと一緒にいることで、自分の価値も上げてもらいたいという深層心理がそこに見えます。人の内面も外見と同じように大事にしていくと、さらによい恋愛ができるでしょう。

なかには孤独感を強く持っている人もいて、それを隠すために恋人を作ろうとする人もいます。いつまでも満たされない恋愛を求めてしまいがちです。人を損得で判断しないように、素直に自分の心地よさを探したいところです。

◉健康

快楽に弱いため、体に不調をきたしてしまう可能性も。

どうしても物質的な豊かさを求める傾向がありますが、精神的な豊かさにスライドすることで健康に対しての意識も高めるとよいでしょう。走るばかりではなく、休むこともまた豊かさのひとつです。

◉仕事

基本的には地道にコツコツ仕事をするタイプではなく、最初から恵まれた金運のもと、お金に囲まれて暮らしている人が多い傾向にあります。

上昇志向が高いため、仕事も選り好みをします。モデル、タレントなどの人から見られる仕事、投

金が好きな人の性格分析 ❷

○恋愛
・相手のルックスから恋が始まるタイプ
・孤独感が強く、それを満たすために恋を求める人も

○仕事
・大きな仕事をしたいと思う
・会社経営、実業家、モデル、金融関係など

○健康
・快楽に弱く、体を壊す危険性は高い
・精神的な豊かさに目を向ける必要も

資家、金融関係などお金にかかわる仕事が向いています。また、会社経営や事業家などの仕事が向いているでしょう。

強みと弱み

人生を満喫することを主眼に毎日を楽しんでいる様は人間らしく、誰もがうらやましいと思うはずです。**高い理想とそれを実現していくバイタリティは大きな強みです。**

一方、「浪費家」や「貯蓄への執着」という部分が強く出てしまうと、バランスを崩してしまいがちなのは弱みでしょう。

また、「占い」や「風水」などに依存しやすい部分も少しあるかもしれません。金色が好きな人は、本来は理想を実現する力があるはず。自分を信じて行動するほうがよいでしょう。

Column

子どもに見せたい色彩

赤ちゃんは生後2～3カ月程度で色を判別する能力が芽生えるといわれています。原色を識別できるようになるには約半年かかります。新生児は黄色、白、ピンクなどの色を好むので、これらの色を中心に、様々な色を見せてあげるのがよいでしょう。色彩感覚は乳幼児期の視覚体験によって獲得されることが明らかになっています。

そして成長して子ども部屋を持つようになったら、部屋全体を青色の系統でまとめるのがおすすめです。青は子どもの成長力を推進する色であり、集中力や求心力を高める色です。

青だけのインテリアだと寒々しく、色のバランスが難しいので、全体の7割ぐらいをベージュ系などの落ち着いた色をベースにして、青をサブカラーにするのもよいでしょう。

またベージュは青と同様にリラックス効果が期待でき、子どもたちの自由な発想を促進する効果がある色です。アメリカのペンシルバニア大学の研究では、ベージュ色を身につけている学生は、自信に溢れて、成績もよいという結果も紹介されています。ベージュは子どもたちに目にしてほしい色なのです。

2章

人を見抜く、人を動かす色の心理術

色による性格診断を「へぇ～そうなんだ」で
終わらせてしまうのはとても残念。
なぜなら、色はよりよい関係を築くための
アプローチがわかるツールになるからです。
2章では、人の性格の傾向や行動原理を見抜き、
人間関係を円滑にするコツを紹介します。

色のチカラで人の性格を見抜く

「へぇ〜」で終わらせない色活用術

1章では「好きな色」からわかる「性格」について解説しました。でも、色による性格診断は「当たっている」「当たっていない」で終わらせてはもったいない！

色は自分の内面を知るだけでなく、「人の性格を見抜く」ことにも使えるのです。

人の性格はとても複雑でわかりにくいものですが、性格の「傾向」や「行動原理」が見えると人間関係の円滑化に活用できます。

「行動的な人か」「慎重に考える人か」がわかると円滑な対応ができるようになります。さらに**他人の心の奥がわかると、相手を動かすことも可能になります。**

たとえば、「一見行動的に見えるけれど、本当は不安を抱えていて、慎重に考えたい人だ」とわかれば、状況を説明して安心させることで相手との信頼感が高まります。

一瞬でわかる相手の性格

相手の性格を知る上で、好みの色はとても便利な情報になります。この情報の優れたところは「一瞬でわかる」ということです。**相手の好きな色がわかれば、1秒で相手の内面を見抜けるともいってよいでしょう。**さらに、色の好みの情報のなかには非常に多くの情報が集約されています。

では具体的にどうしたら「相手の好きな色」を知ることができるのでしょうか？

様々な方法から人の好きな色はわかります。もっとも簡単な方法は、そのまま相手に質問してしまうことです。次項目から紹介します。

相手の好きな「色」がわかれば、性格が見抜ける

赤が好き
・行動的
・感情的
課長
どんな性格かな？
こんな性格なんだ
相手の好きな色がわかると、性格の推測ができる
外見だけでは相手の性格は見えにくい

相手の好きな「色」がわかれば、相手を動かせる

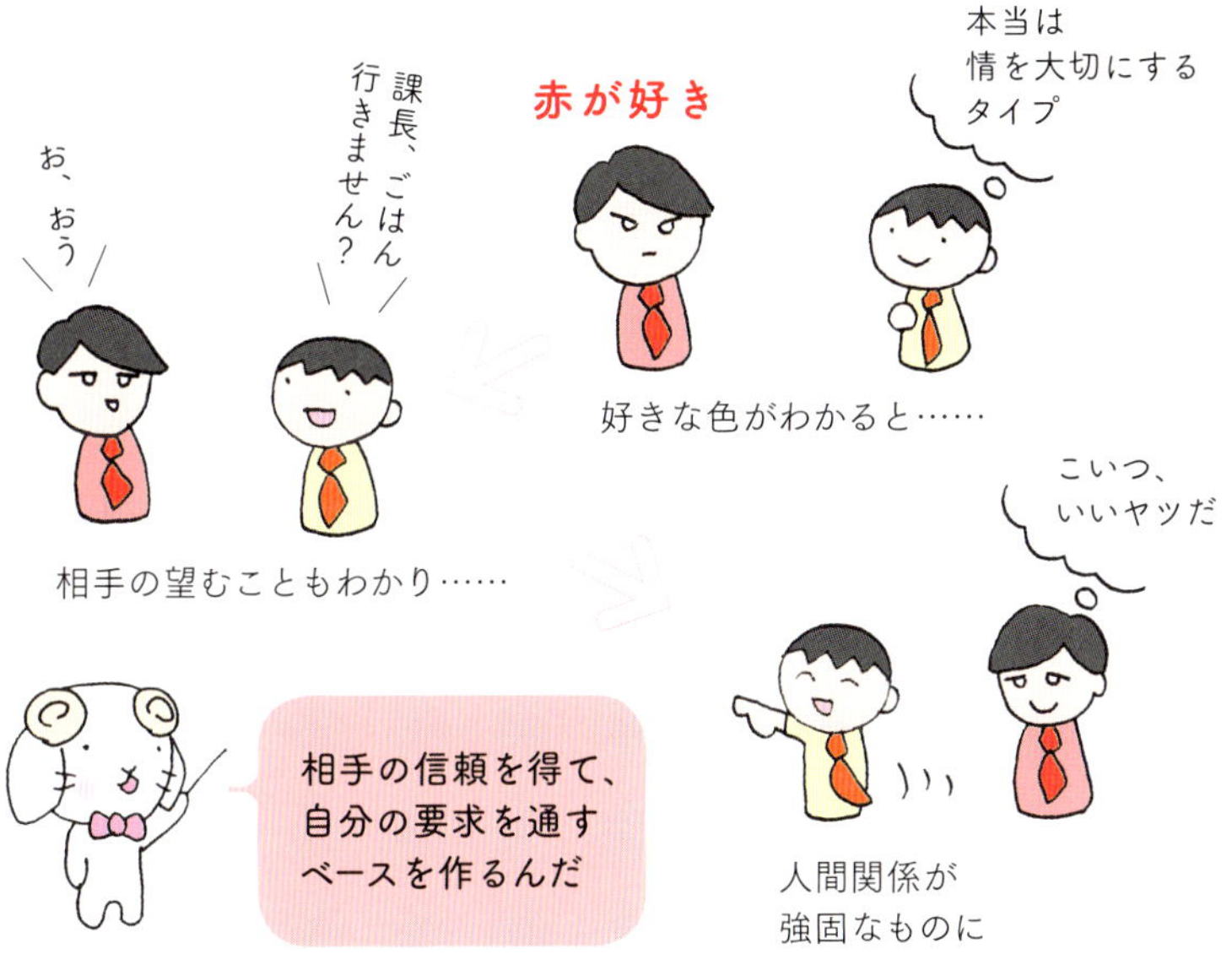
赤が好き
本当は情を大切にするタイプ
好きな色がわかると……
課長、ごはん行きません？
お、おう
相手の望むこともわかり……
こいつ、いいヤツだ
人間関係が強固なものに
相手の信頼を得て、自分の要求を通すベースを作るんだ

色で人を見抜く方法❶

質問への反応から読み解く

◉相手に「色の好み」を質問する

まずは「何色が好きですか?」と、質問して好きな色を教えてもらう方法を試してみましょう。

あなたの質問に「赤」「青」と率直に答えてくれる人は、人を疑わない素直な性格といえます。

なかには、「なんでそんなことを聞くの?」と質問を返してくる人もいるでしょう。異性の相手が楽しそうに聞いてくるなら、それは自分のことを知りたがるのは好意の表れだろうという推測のもと、「好意の確認」である場合もあります。

でも、無表情や険しい顔で、逆質問してくる人は警戒心が強いタイプ、人を信じていないタイプの可能性があります。何かを見透かされることで、自分が不利になることを恐れているのです。

さらに、「好きな色?　わからないな」などとごまかす人も同様です。拒絶をして関係を悪化させたくはないが、あまり本心を見せたくないと思っているのかもしれません。

◉「眉」と「目」の動きに注目

質問した後、相手の眉と目の動きに注目してください。眉をひそめるのは、拒絶や懐疑的な気持ちの表れです。目が左右に動く人は考えを巡らせながら話をしているといえます。

問い詰められるような質問や、目上の人から質問された場合、人は緊張状態になると目が左右に動きます。もし身近な相手からのたわいもない質問に対して目が左右に動くなら、それは真摯に答えようと考える誠実な人だといえそうです。

質問に答えてくれないタイプは、質問の仕方を工夫してみましょう。次項目から紹介します。

質問への答え方からわかる相手の本性

答えてくれなかった

どんな反応を示したか、観察する

答えてくれた

相手が好きだと答えた色を、1章の性格分析に照らし合わせて参考にする

ごまかす人

人間関係を壊したくないけれど、あまり自分のことを知られたくないと思う性格

眉間にシワ、目を細めるなど

警戒したり、拒絶する兆候。また自分に不利になることを過度に恐れる性格

もちろん質問者との人間関係もあるから、一概にはいえないけど、参考にしてね

色で人を見抜く方法❷

質問方法を工夫して読み解く

「性格」より「嗜好性」を探られている?

色について質問されると、人は本能的に自分の「嗜好性」を聞かれていると感じます。「性格」を探られているとは感じません。

そのため、自分の趣味や好みにコンプレックスや後ろめたさを感じている場合も素直に答えてくれません。答えてくれない人は、もしかしたら趣味にあやしい秘密があるかも。逆に、自信満々で答えてくれるのは、自分の趣味を知ってもらいたいという表れかも。仕事以外にも好きなものがあり、それを誇らしく感じているのでしょう。SNS上で活発に発信するタイプかもしれません。

返報性を使った質問のコツ

好きな色を聞き出すことを目的とするなら、相手に警戒心を抱かれないよう、自然な流れで聞きたいところです。

テクニック的には、自分の好きな色を話の流れで出して、あなたは?と質問をすると聞き出しやすくなります。

これは「返報性」といわれる心理で、自分の情報を話すと、相手も同様に情報開示しなければならない気持ちになることを指します。

好きな色を聞いたら1章の解説を参考にその人の内面を探ってみましょう。表層的な性格の奥に、あなたの知らない相手の本当の性格が隠れているかもしれません。

そうして性格を知ることで「相手が喜ぶツボ」を押さえ、「相手が嫌がるポイント」を回避できれば人間関係は飛躍的に向上します。

返報性を使った聞き出し方

自信満々に答えてくれた

自分の「嗜好性」に自信を持っている人、興味を持ってもらいたいと思っている人の可能性大

なかなか答えてくれない……

突然質問をすると、相手はかまえてしまいがち

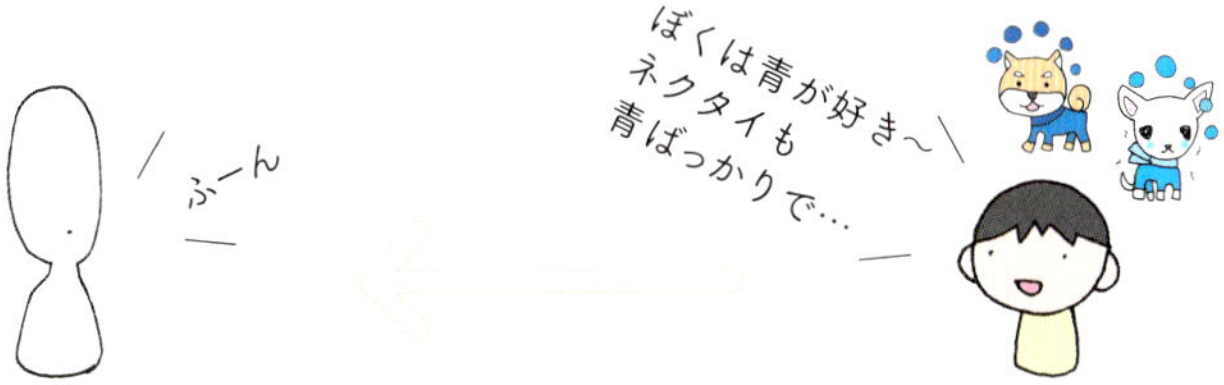

自分の好きな色を教えてから聞くと……

相手が答えてくれる可能性が上がる。返報性という心理です

色で人を見抜く方法③

「嫌いな色」を質問して読み解く

嫌いな色から見える性格

好きな色を質問できたなら、ぜひ「嫌いな色」も質問してみたいところです。なぜならば**「性格」におけるややこしい部分は、好きな色よりも嫌いな色に出てくる可能性が高いからです。**

「嫌いな色」が明確にはない人もいますが、もし明確に持っているなら、それは相手の心を開く、貴重な鍵になりえます。

ややこしい部分は嫌いな色に表れる

嫌いな色には何かしらのコンプレックスが隠れている場合があります。拒否反応が大きいほどその傾向は強くなります。

たとえば、ピンクが好きな人は女性的で優しい性格の傾向にありますが、仕事に情熱を傾ける女性は、女性の甘さを表現するピンクを嫌う傾向があります。そのような女性は、もしかしたら心の中に「男性に負けたくない」「仕事で評価されたい」といった気持ちがあると推測できます。

さらに強くピンクを拒絶する人がいるとすると、過去の仕事で女性であることで、不快な経験をしたことや、かわいく装った女性に対して強く不快な思いをしたことがあると推測できます。

ほかにも、知識力や学歴にコンプレックスがあると黄色が苦手に、人間関係にコンプレックスがあると青緑が苦手になる傾向もあります。

相手の好きな色に加え、**こうした嫌いな色の種類と拒絶の強さを知ることは、複雑な人の性格を知る糸口になりえます。**

人が嫌う理由として顕著な例がある色を、次ページでまとめましたので参考にしてください。

「嫌いな色」の裏側にあるのは……？

赤が嫌い

赤を嫌う人は欲求不満になっているのかも。自分がやりたかったこと、夢などが何かの理由で実現できなかったとき、行動力や強さの象徴である赤を拒絶することがあります。何かしらの挫折感とかかわっていることがよくあります。

ピンクが嫌い

男性と一緒に仕事の第一線で戦っている女性は、ピンクを避ける傾向があります。また、つい他者と比較してしまい、自分の状況が恵まれていないと感じるときも、ピンクの優しさを受け入れられなくなってしまいます。

橙が嫌い

人には突発的に様々なことが嫌になって投げ出したくなることがあるもの。そんなときは橙が嫌いになってしまいがちです。また、ムダな時間を過ごしたと後悔している人も橙の色がまぶしく感じ、受け入れられなくなってしまいます。

黄色が嫌い

知識、学歴などにコンプレックスがある人は黄色を嫌う傾向に。また「明るい性格になりたい」という気持ちがありながら、行動に移せない人も苦手だと感じやすいでしょう。

緑が嫌い

さびしがり屋や心配性、いつも孤独感を抱えている人は緑を好きになれない傾向に。さびしい気持ちを緑の寒々しさが増幅してしまうからです。社会的な生活に馴染めない人も緑を好みません。

青緑が嫌い

青緑が好きな人は洗練されていて気難しい部分がありますが、青緑を嫌いな人も気難しい側面があります。特に人間関係において何かしらのコンプレックスがあると青緑を受けつけなくなります。

嫌いな色は単に「性格」だけでなく、そのときの「感情」が投影されることが多くあるんだ。相手の状態を知る上で嫌いな色はとても役に立つよ

青が嫌い

精神的にかなり追いつめられていることを疑います。大きな失敗をして失意にあったり、人に傷つけられたりして未来図を描けないと感じている可能性も。青は嫌いなのに、つい青を手に取ってしまう、そんな苦しい心理状態も見られます。

紫が嫌い

占い、不思議な力など神秘的なものを拒絶するようになると紫のあやしさが嫌いになってきます。また、自分の感覚的な部分が鈍ってくると、紫を拒絶するようになってきます。

白が嫌い

努力をすることが嫌い、整理整頓が嫌い、決められたルールを守ることを強制されることを嫌う傾向があります。精神的なストレスにさらされていても白が苦手になります。過度の心配性や自分が見られているという思い（スポットライト効果）が強くなると、白を避けるようになります。

黒が嫌い

黒は嫌われやすい色のひとつです。黒が嫌いな人は、黒の持つ負のイメージを強く受けてしまうタイプかもしれません。厳格なものや威厳のある存在が嫌いであったり、病気や死に対して強い不安感があると黒を受けつけなくなってしまいます。

グレイが嫌い

平凡なもの、単調なものに対して退屈、苦手だと感じるとグレイを嫌いになる傾向があります。刺激に満ちた生活に憧れている人もグレイの穏やかさが苦手になります。

「嫌いな色」が特にない人もいるけれど、もし「嫌いな色」がはっきりとある人がいたら、そこには何かの心理が隠されているかも

色で人を見抜く方法④

ファッションの色使いから読み解く

洋服の色と性格、気分の関係

好きな色について質問しにくい場合は、相手の着ている服を見れば、それこそ1秒で、相手の性格を推測することができます。

服は嗜好品の延長ともいえますが、「身につける」「人に見られる」という視点から、心を投影しやすいアイテムとも考えられます。

また、**服の色には「性格」が表れるほかに、「気分」や「戦略」も加わります。**そのときの気分によって左右されるので、複雑になるかわりに、相手の「性格」＋「気分の状態」を同時につかめるメリットもあります。

また、どんな「戦略」を使ってくる人なのかも、服の色を通してだいたいわかってしまいます。

服から相手を読み解くポイント

服を通して相手の性格を知る方法について、ポイントをまとめます。

① 瞬時に相手の「性格」と「気分」が見抜ける
② いつも着ている服の色傾向を通して、相手の「戦略」を見抜ける
③ 相手の好きな色を知っている場合、その色と服の色が同じか異なるかによって、より相手の性格が深く理解できる

ふだんの服の色傾向と異なり、ある日から服の色が変わったとします。すると、さらに相手の気分や戦略がより顕著に理解できます。

たとえば、青い服をよく着ていた人が黒い服を着るようになったら、何かを恐れて怖がるようになったのではという推測が立ちます。

服の色に表れるメッセージとは？

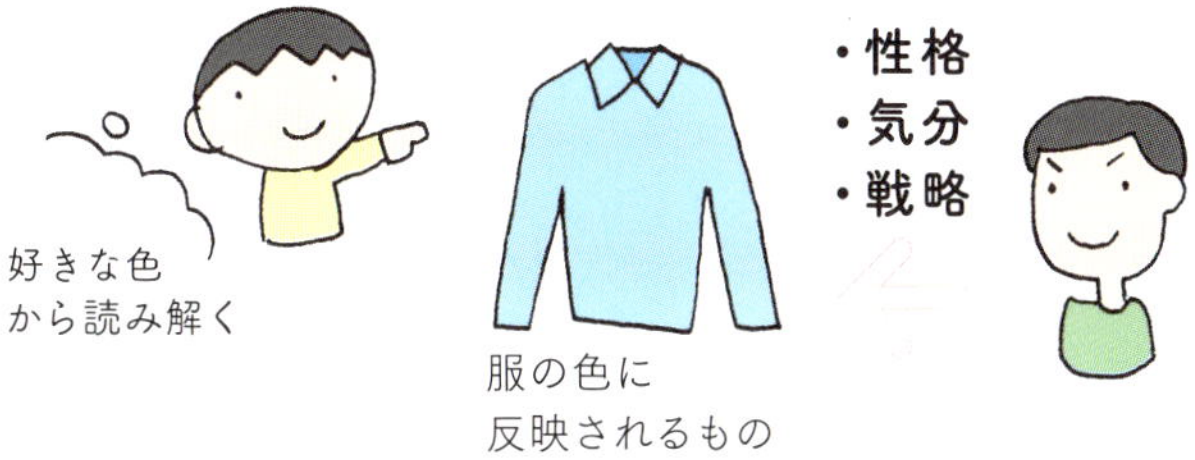

服の色に反映されるものは「性格」のみならず、そのときの「気分」や他者への「戦略」が加わる。様々な情報が読み取れるため複雑でもあるが、質問をしなくても見抜ける利点は大きい

服から相手の性格を知るポイント

すぐに　「性格」が見抜ける

いつも　着ている色で「性格」が見抜ける

質問で　好きな色と一致しているかで「性格」が見抜ける

変化で　「気分」と「戦略」が見抜ける

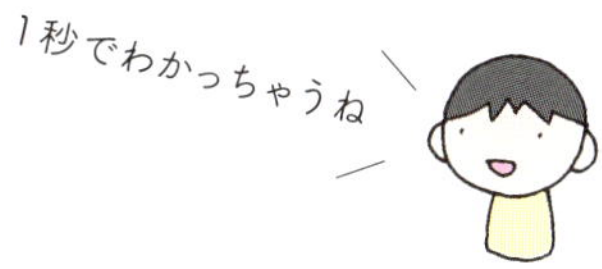

色で人を見抜く方法⑤

「地味な服」「派手な服」の二択で読み解く

◉地味か、派手かの二択なら……

相手の服の色から読み解いていくのは、慣れるまでは少し難しいかもしれません。そこで、本項目ではわかりやすい例を紹介し、服の色と性格との因果関係を解説したいと思います。

【地味な色の服】

目立ちたくないという意図を持って選んでいる場合を除き、「人の視線を気にするタイプ」で「自分の気持ちを抑えてしまうタイプ」である可能性が高いといえます。**自分の服が、でかけた場所や他人の服と調和せず、もし周りから浮いてしまったらどうしようという恐怖感があります。**

また、女性の場合はミスしたらどうしようという「失敗」や「損」への恐れが強い傾向に。男性の場合は逆に人の視線を気にしない場合や、組織に順応する気持ちが強い場合に、地味な服を着ることが多くなります。

【派手な色の服】

極端に派手な服を着る人の多くは、自由に自分らしさを表現しているというよりは、「人の視線を気にするタイプ」で「自分に対してあまり自信がない人」である可能性が高くあります。

外交的な性格の人で、自分の容姿や性格に自信がないときに、派手な服の力を使って自分らしさを出そう、個性を出そうとします。おしゃれで自信をつけようとしているのかも。

派手な服で自分らしさを表現しようとする人もいますが、実は少数派。派手なファッションでも、自信がない人のほうが多くいます。

「地味な色の服」を着る人の性格

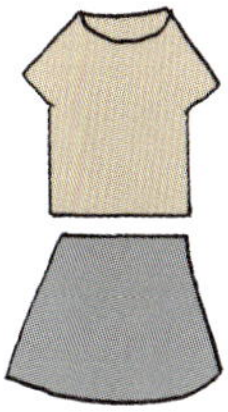

人の視線を気にしがち、自分の気持ちを抑えてしまいがち

内向的な性格で、他人の顔色をついうかがってしまい、自分をうまく表現できないタイプが多い

- ベージュ、グレイなど
- 単色、2色程度
- 落ち着いたデザイン

「派手な色の服」を着る人の性格

意外に、人の視線を気にするタイプで、自分に自信がないケースも

外交的な性格で自分の容姿に自信がないときに、服の力で自信を高めようとする

- 赤、橙、黄色など
- 複数の色を使う
- 華美なデザイン

表面的には自信家でも、内面には自分だけで勝負できない何かがあることが多いね

色で人を見抜く方法❻

「黒い服」「白い服」の二択で読み解く

◉守りの黒、攻めの白

つづいて、わかりやすい例として全身を黒系、あるいは白系のワントーンでコーディネートしている人を比較してみます。

【全身「黒い服」】

一部の洗練された人はその感性から黒い服を選びますが、全身黒い服を着ている人の多くは、黒い服に逃げている可能性も。

黒い服は、いつでも誰でも60点をとれる服です。**人からの評価を気にしている人が適度の評価狙いでつい選んでしまう服でもあります。**

人の評価を気にする性格、特にセンスや感性についての自信がないと思う人は、気がつくと全身が黒でまとまっています。

さらに、「損をしたくない」と考える損失回避性が強い人も、黒い服でまとめがちです。黒は様々なものから自分を守る色でもあります。

【全身「白い服」】

黒い服が「守りの服」であるならば、白い服は「攻めの服」といえるかもしれません。「美意識の高い白鳥神」タイプの高い理想の象徴として、自分の内面を白い服で演出しようとします。「演技派のカラス神」タイプも戦略的な道具として白い服を使います。

どんなイメージを相手に与えたいかは人それぞれですが、「清楚さ」「ピュアさ」「若々しさ」をアピールしたいときに白い服はよく使われます。同性へのライバル心、異性に向けてのアピールで使われることも多いようです。

全身「黒い服」を着る人の性格

60点でいいもん
失敗がこわい

人の評価が気になり、満点ではないが合格点をとれる黒に頼ろうとする心理

なかには「失敗したくない」という強い損失回避性を持っている人も

- 上下ともに黒い服
- 黒の濃淡のみでまとめている

全身「白い服」を着る人の性格

よいイメージ！
若く見られたい

白が持っている良質なイメージを強く欲する場合

若々しさやピュアさをアピールしたいときも白い服を選びがち

- 上下ともに白い服
- 白、オフホワイトなど風合いの違う白のみでまとめている

白1色だけは勇気がいるよね

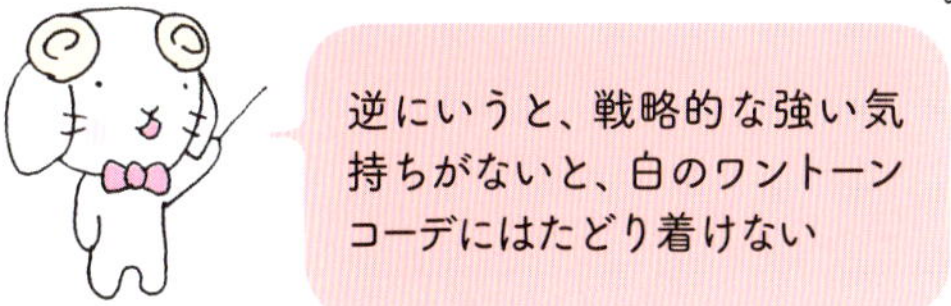
逆にいうと、戦略的な強い気持ちがないと、白のワントーンコーデにはたどり着けない

色で人を見抜く方法⑦

コーディネートから読み解く

深層心理が投影されやすい？

全体のコーディネートは深層心理が投影されやすいもののひとつです。

いくつかの例をベースに、着ている人の性格と心理を探りましょう。

A ダーク系のワントーン

・人の評価を気にする性格

・保守的な人は時計、靴、カバンまですべて黒にしようとする

・何かに抑圧されて我慢して生きている人も

B ベージュのワントーン

・やや保守的な性格、損失回避性の性格も

・ルールからなかなかはみ出せない真面目さ

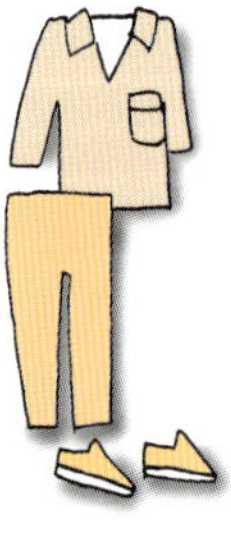

C 明るいトップスと暗いスカート（パンツ）

・自己も主張したいし、ルールも守りたい

・自分の気持ちも相手の気持ちも大事にできる

・新しいことをしたいけれど冒険はしたくない

D 暗いトップスと明るいスカート（パンツ）

・少し人と違った自分らしさを出したい

・行動したい気持ちが高まっている

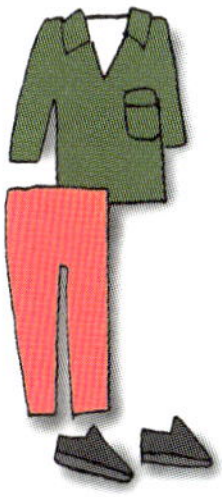

E シックな色のコーディネイトにワンポイントの派手な色

・人との協調性を重んじながら自分を表現

・ワンポイントの色に自分の求める方向性が投影されている

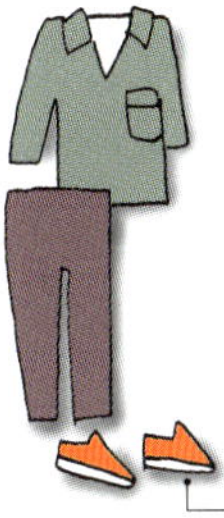

ワンポイントの例

F 明るい色のコーディネイトにワンポイントのシックな色

・対人的な意識が高い組み合わせ

・シックなワンポイントの色で「品もよく見られたい」と思っている

ワンポイントの例

各コーデの心理イメージ

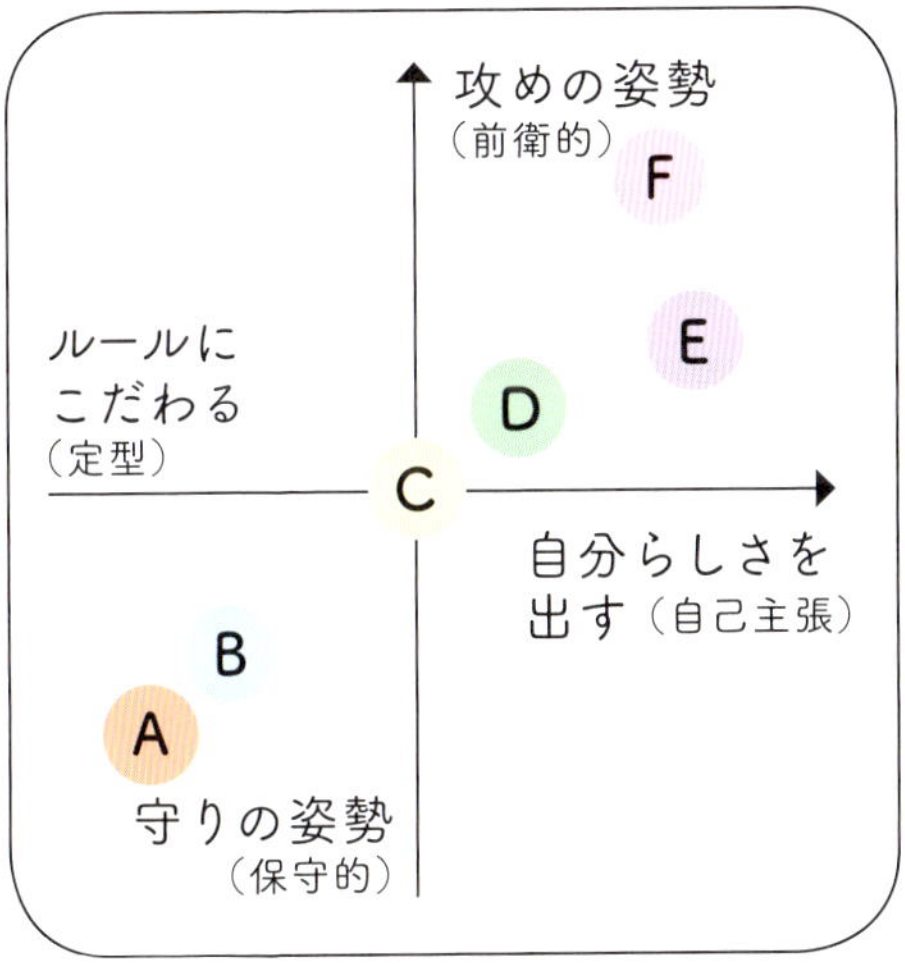

色で人を見抜く方法❽

トップスの色から読み解く

トップスには性格と感情が表れやすい

全体的な統一感やコーディネートでも見抜けますが、さらに瞬時にわかりやすいのがシャツ、ブラウス、セーターなどのトップスの色です。

アウターの色には性格以外の機能面や打算的な感情が入りやすく、ボトムも機能的な部分の影響を受けやすいアイテムです。

一方、トップスは着ている服の中でも性格と感情が投影されやすいものであり、その日の気分が強く出る傾向があります。そのため本書ではアウターやボトムのみに注目した解説は避け、トップスの色に着目して紹介したいと思います。

トップスの色から読みとれる性格傾向や気分をまとめます。

赤い服

- 注目してほしい
- 目立ちたい
- 刺激がほしい

ピンクの服

- デリケートに見られたい
- かわいく見られたい
- 幸せな気持ちを見てほしい

橙の服

- 気軽に人と接したい
- 行動をしなくてはいけない

黄色い服

- 楽しいことをしたい
- 新しいものから刺激を受けたい

緑の服

- 平和に暮らしたい
- 疲れている、休息したい

青い服

- 問題を解決したい
- 何かを創作したい

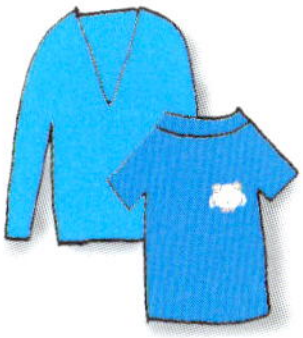

紫の服

- 人と違ったことをしたい
- 人から一目置かれたい

黒い服

- 人からの批判をかわしたい
- 自分を守りたい

白い服

- 美しく見られたい
- 清楚さ、若さを感じてもらいたい

グレイの服

- 人とあまり関わりたくない
- 静かに過ごしたい

ネクタイの色については
P.182で!

色で人を見抜く方法⑨

靴の色から読み解く

深層に眠る無意識を投影

靴は機能的なアイテムです。どんな場所へ行くのかで靴のタイプも色も変化します。

靴の色だけを見て性格とはすぐに結びつかないと考えるかもしれませんが、**足元は深層に眠る自分の気持ちを無意識に投影するもの。**靴の色は相手の性格や気分を知るひとつのヒントになります。

わかりやすいのは、赤、ベージュ、緑

たとえば、行動したい気持ちがあるとき、人は赤い靴を選ぶ傾向にあります。特にスニーカーのような運動系の靴ならば、「何かをしたい」というメッセージの表れです。

また、女性が赤いヒールを履いているなら、それは異性に対して自分を見てほしいという気持ちが投影されているのかもしれません。真っ赤なドレスを着るほど勇気はないけれど、注目されたいという強い気持ちが隠れています。

また、ベージュの靴を履いている人は調和を図ろうとしている人です。自分から動くことなく、周りに流されたいと考えています。今は行動よりも安定と調和を求めていると見えます。

緑の靴を選ぶ人は隠れた自信家です。特におしゃれに対して心のどこかに小さな自信を持っています。

緑の靴は、コーディネートとして合わせるのが難しいので、定番として使い回さなくてもよいくらい他にたくさんの靴を揃えていると推測できます。ファッションに対して意識を高く持っているということになるので、靴以外にも全身の服を褒めると喜ばれるでしょう。

靴の色からわかること

赤の靴

- 行動したい気持ち
（スニーカー）
- 異性に対して
注目を浴びたい気持ち
（ヒール）

ベージュの靴

- 調和を図りたい
- 今は周囲に流されたい

緑の靴

- 隠れた自信家
- ファッションに対して
意識が高い人

靴のタイプからわかること

スニーカー

- 社交的な性格
- 自由に動きたい

ハイヒール

- 自分をアピールしたい
- 自分を見てほしい

がっちりとした靴

- 自分の気持ちを守りたい
- 無意識に自己防衛をしている

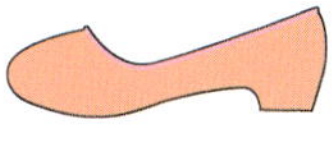

ローヒール

- 周りに流されにくい
- 堅実な性格

色で人を見抜く方法⑩

スマホケースから読み解く

持ち物の形状と色から見抜く

多くの時間、所有物として持つスマホケースの形状と色には、その人の性格が表れます。

まずどんな色かに注目しましょう。

赤、橙系のケースを持っている人は、普段は行動的ではないのに、心の奥に「何か行動したい」という気持ちを持っている可能性があります。

青系のケースを持っている人は、人間関係に疲れていたり、落ち着きたい気持ちを抱いている可能性があります。

水色、黄緑といった色は、何か創造的なことをしたいという気持ちが見えます。

黒のケースを選ぶ人は、他人から指示されるのを嫌い、束縛されることを嫌うタイプかもしれません。

ケースの形にも心理が現れる

手帳型のケースを使っている人は几帳面。予定をたくさん入れて計画的に行動したいと考える人です。また他人に見られたくない秘密を抱えている人も手帳型を好みます。突然、手帳型になった人は、人に知られたくない秘密ができた可能性を感じます。

キャラクターのケースを使っている人は、かわいいものが好きなだけでなく、自分自身もかわいいと思われたい心理がある可能性もあります。

ケースを何もつけない人は、一見、こだわりがない人に思えますが、ケースをつけるという風潮に流されず、実は強いこだわりを心に持っている人です。新型のスマホを自慢したい、元のデザインを重視したいなど強いこだわりがあるはずです。

スマホケースの色からわかること

赤・橙

・「何かをしたい」という
気持ちが隠されている

青

・人間関係に疲れ気味
・落ち着きたい

水色・黄緑

・クリエイティブな
ことをしたい

黒

・束縛が嫌い
・人からの指示を避ける

スマホケースの形状からわかること

手帳型

・几帳面
・見られたくない秘密を
持っていることも

キャラクター

・かわいいものが好き
・かわいく見られたい

ケースなし

・強いこだわりがある
・自分の気持ちを
安っぽくしない

色で人を見抜くまとめ

人の性格を色から見抜く

◉ 人の性格や本心を知るヒント

質問、服、靴、持ち物（スマホケース）から相手の性格、感情はある程度見抜けます。これまで紹介してきたポイントを、ここで一度まとめてみましょう。

【質問】

性格を知りたい相手に質問ができるなら、「好きな色」もしくは「嫌いな色」を聞いてしまうことで、どんな性格なのかが予測できます。返報性といわれる心理を使って聞き出す方法もあります。

【服】

服は性格に加えて、その日の気分がでやすいものです。「性格」＋「気分」という情報を得られることで、今の相手の状況がよりわかります。地味か派手か、黒色か白色か、全体のコーディネート、トップスの色によってより深い部分を知ることができます。

【靴】

靴からは相手の深層心理に眠る行動力、隠された感情の情報を得ることができます。相手の性格を深く知るヒントになります。

【スマホケース】

どんな形状のものを使っているかと、どんな色のものを持っているかで、相手の性格が予測できます。多くの時間、所有物として持つスマホケースこそ、その人の性格が表れます。

一瞬で人を見抜くポイント

赤かな？
好きな色は？
相手に「好きな色」を質問する
「嫌いな色」を聞き出してもOK
コーディネート
深層心理が投影されやすい
スマホケース
色と形状から性格傾向がわかる
トップス
性格と感情が表れやすい
ボトムやアウター
機能が重視されるために、性格が表れにくい
靴
深層に眠る気持ちが無意識に投影されやすい

人を動かす色彩心理術

「うまく付き合う」から「動かす」へ

好きな色、嫌いな色がわかると人の性格がわかります。性格が理解できると、危害を加えられるのを回避したり、相手との距離を縮められたりと、人間関係は大きく改善します。

そして人とうまく付き合うだけでなく、もう一歩踏み込み、相手を動かす＝コントロールできるとさらに人間関係で苦労することは減ります。

「気分」と「感情」を動かすこと

人を動かすためには相手の性格を知るだけでは不十分です。

性格は基本的な思考や行動のパターンであり、そのきっかけになるのは一時的な心の状態である「感情」。そして感情よりも少し長い間持続する心の状態である「気分」です。

心理的に見ると、人は感情や気分によって行動することが多々あり、感情、気分が行動のきっかけにもなります。

つまり、人の感情や気分を動かすことで、人を動かせるようになるのです。色彩はこの感情や気分を動かすのに有効な働きをします。

たとえば、鮮やかな青い空を見たら、気分がよくなり今日はゴロゴロしていないで何かしようという気持ちになったり、赤と白の縦模様を見たら、晴れやかでおめでたい気分になったりします。

世界中の心理学者やメンタリストが使う、本格的な人を動かすテクニックは、技術と練習が必要ですが、ここではすぐに使える人を動かす「色彩」の心理術をご紹介します。くれぐれも悪用しないでくださいね。

色を使って「気分」「感情」を動かす

思考や行動の基本

＝

性格

・どんな考えを持つのか
・どんな行動をとるのか

人を動かすには「性格」
だけを知っていてもダメ

性格

＋

感情

・一時的な心の状態

＋

気分

・少し長く継続する心の状態

色のチカラが作用してこの2つを動かす

人を動かすには「感情」や「気分」を動か
すことが重要。色はこの「感情」や「気分」
を動かすのに有効な働きをするんだ

相手にノーといわせない「ブラック・ハロー効果」

「地位が高い人」は「背が高い人」？

私たちは字がきれいな人は内面まで優れていると考えがちです。実際は字の美醜と人格的に優れているか否かは直接関係がありません。

しかし私たちは、相手の内面を冷静に分析することなく、外見から無意識に評価をしがちです。これを「ハロー効果」といいます。

ハロー効果のひとつとして背の高い人を能力が高いと錯覚する心理があります。アメリカの実験では、「社会的な地位が高い人ほど身長が高い」というイメージを持っている人が多いということがわかりました。

色のマジックで背を伸ばす!?

このハロー効果をうまく使い、背を高く見せると相手は萎縮し、こちらの要求が通りやすくなることがあります。

姿勢を伸ばすことはもちろん、**色のマジックを使って背を高く見せる方法もあります。**

ボトムに黒、紺などの暗い色をもってきて、トップスや上半身のポイントには明るい色をもってくるとよいでしょう。視線を上に集めることで背を高く見せます。

さらにトップスはVネックにし、細いストライプ柄を取り入れると、すっきりと縦長な印象になります。

仕事柄、スーツが基本になる人は黒系のスーツを選び、引き締めてスッキリと見せます。黒は強さを誇張する色でもあります。このブラック・ハロー効果の影響で、相手はノーといいにくくなり、あなたの主張が通りやすくなるはずです。

ブラック・ハロー効果

「ハロー効果」のひとつとして、背の高い人を能力が高いと錯覚する心理があるよ

強さを誇張する黒。ボトムを黒、トップスを白にするのもOK

シャツはコントラストのはっきりしたストライプで、縦長効果を

ここぞというとき用に、シークレットシューズを用意しておいても◎

赤いルージュで、視線を上に

エアリーなストールで視線を上に

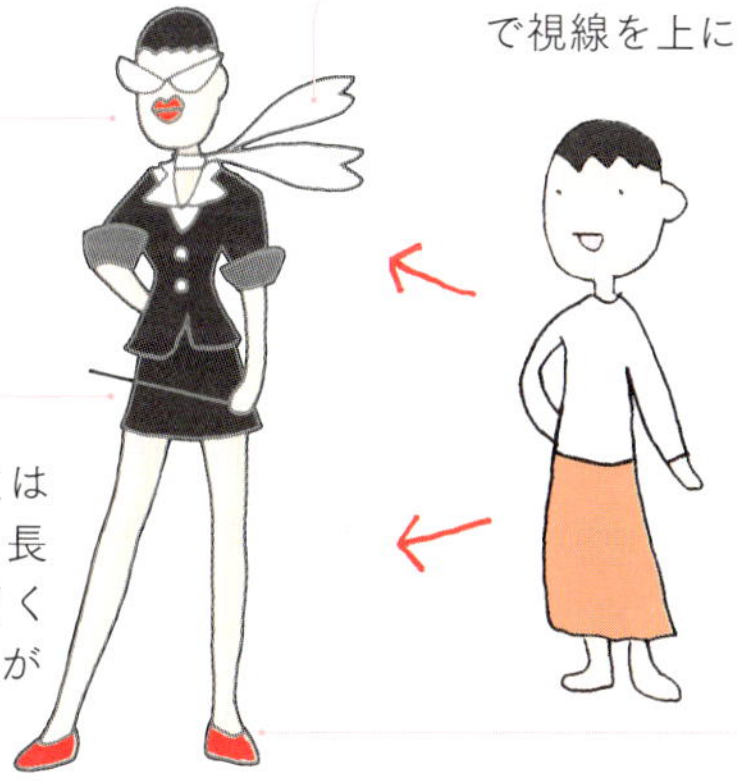

スカート丈は膝上。足を長く、背を高く見せる効果が

黒い靴でもいいが、赤い靴と赤いルージュの距離があるので、距離が長い＝背が高いと感じる効果が

嫌がらせを封じる「オレンジ・シェイクハンド効果」

あえて嫌いな相手に触れる

嫌がらせをしてくるような困った人はどこにでもいます。どうしても避けられないときは、**あえて深く接触する「相手に触る」という方法が効果的です。**

人は接触した相手に対して「いい人」であるという感情を持つ傾向があります。女性は親しくなった相手と触れ合いたいと思いますが、男性は仲よくなるために触れたいと感じる構造があります。

嫌いな相手に触れることは気持ち悪いと思うかもしれませんが、これはとても効果的であり、脳神経科学の分野でもその効果は立証されています。政治家が選挙活動などで握手をするのも握手の心理効果を狙っているものといわれています。

オレンジのライオンの力を借りて

たとえば嫌いな相手に何か話しかけ（共通の趣味、共通の敵の話などが好ましい）、話の最後に握手を求めてみましょう。

そのときにより戦略的に色の力を使うなら、オレンジのシャツ、ネクタイなどオレンジのものを身につけていくと効果的です。オレンジは仲間意識を高めてくれる色でもあります。

オレンジの服で握手をすれば「この人はいい人かもしれない」と思われやすくなり、嫌がらせがなくなるはずです。これが「オレンジ・シェイクハンド効果」です。ただし、握手を求めることは、立場や関係性によっては相手に不快感を与える可能性もあるため、つかいどころに注意したほうがよいでしょう。

握手ひとつで関係が変わる？

苦手な人同士は握手をすると、相手のことを
「いい人だ」と錯覚する心理がある

オレンジ・シェイクハンド効果

女性ならオレンジのトップス、男性なら
オレンジのシャツやネクタイを身につけ
ると効果的。オレンジは仲間意識を高
める、暖かみのある色だったね

相手の心を開かせる❶「カラー・ミラーリング効果」

◉相手から好かれる三大原則

人は誰でも他人から好かれたいと考えます。ところがこれがなかなかうまくいきません。仕事でも、相手が心を開いてくれないと感じることもあるでしょう。

じつは、相手から好かれる三大原則があります。

①よく顔を合わせること（単純接触の原理）
②相手の近くにいること（近接の要因）
③相手に自分をよく知ってもらうこと
（熟知性の法則）

さらにもうひとつ踏み込むと、相手の言動をマネする「ミラーリング」という心理テクニックがあります。

相手の話すスピード、表情、しぐさ（足の動き、手の位置）などをマネする、同じタイミングで笑うなどの行動をとってみます。すると相手は無意識に親近感を持つようになり、心を開いてくれやすくなるのです。

◉ミラーリングに色の効果をプラス

もしあなたが相手の好きな色を知っていたら、あるいは相手が特定の色の服を着てくる人だったら、同じ色の服をあなたも着てみてください。**同じ色の服を着ることで、距離がぐっと縮まります。**

同一の趣味を持つと認識されると、親近感が増し、「なんとなく心地よい相手」と感じてくれるようになるはずです。

色には無意識に強く働く効果があり、こうした「カラー・ミラーリング」を仕掛けることで、相手の心は開きやすくなっていきます。

ミラーリング効果

相手が腕を組んだら自分も組み、相手が頬をさわったら、自分も触る

話すスピード、表情、しぐさ（足の動き、手の位置）などを相手に合わせると、相手の自分に対する好感度が上がりやすい

カラー・ミラーリング効果

この人は
ピンクが
好きなのね
なんだか
居心地がいいわ

相手の色の好みや、よく着ている服の色を、自分も身につけることで、さらに相手との距離は縮まる。日頃から相手が着ている服の色に敏感になろう

相手の心を開かせる② 「ピンク・ディスクロージャー効果」

自己開示の返報性で親密になる

相手の心を効果的に開く方法がもうひとつあります。なかなか心を開いてくれない相手には、まずこちらから心を開くのです。

たとえば自分の趣味、家族、仕事、性格、夢などを相手に打ち明ける「自己開示」。親しくない相手に、自分の性格や夢の話をするのは少し恥ずかしいかもしれませんが、自己開示をすると相手との親密度が増すことがあります。

相手が極秘の話をしてくれると、自分も同じ程度の秘密を話したくなる感情が生まれます。これを「自己開示の返報性」といいます。

日本の学校で自己開示について調査を行なったところ、適度な自己開示を生徒にしている教師は、生徒との距離が近いことがわかっています。

「自己開示」＋「ピンク」で庇護欲を刺激

このテクニックはあらゆる場面で応用できます。さらに色彩心理の力を借りる方法もあります。

人には「庇護欲」という相手を守ってあげたいと感じる本能があります。そして、**ピンクには相手の庇護欲を刺激して、強化する心理効果があります。**

たとえば、仕事で相手の力を借りたい事態になったとしましょう。

そんなときはピンクのトップスやネクタイを身につけて、丁寧な態度で「じつはこんな困ったことがあって（自己開示）相談したい」と話せば、「ピンク・ディスクロージャー効果」の力で多くの人は無下には断らず、心を開いてくれるはずです。

自己開示の返報性

いいにくいプライベートな話をすると、相手も同程度の内容の話をしたくなる心理が生まれる。これを自己開示の返報性という

ピンク・ディスクロージャー効果

ピンクの服、ピンクのネクタイなどを身につけて、自己開示をしながら相談する。すると、相手は「庇護欲」を刺激されて、優しい対応をしてくれる傾向がある

主導権を握る「レッド・インプレッション効果」

初対面のときの「服の色」が重要なワケ

人間関係においてもっとも大切なのは初対面のとき。最初の出会いで「この人はデキる」「この人は面白い」といった印象を与えられると、それが長い間記憶に残る効果があります。初対面で信頼感や人間的な魅力を伝えられると、関係の主導権を握れるようになります。

人は話す内容を気にする傾向がありますが、心理の研究では話す内容よりも、しぐさや姿勢、態度（視線、口調など）が人の印象を形成する上で重要であることがわかっています。

そしてもっとも大切なのは外見です。「身だしなみ」「服の着こなし」などがその人の印象を強く決定づけます。

したがって、**初対面の際に、どんな色の服を着ているかは重要です。**仕事において信頼感や仕事を任せられる強さを演出したいなら、黒、紺などのダーク系の服が効果的です。

さらに印象を強く出すために服には「差し色」があるとよいのです。

「赤」で行動力とやる気をアピール

強い意志や行動力をアピールするなら「赤」のネクタイ、チーフ、小物をさりげなく相手の視線に飛び込ませるのです。**この「レッド・インプレッション効果」は、無意識に相手に刷り込まれるだけでなく、相手の記憶に残りやすいという強い効果があります。**信頼できる人だと思われたいときは青や、やや明るい青を差し色に、相手の好奇心を刺激するなら黄色、調和や調整を気にする相手には緑が効果的です。

人の印象形成のメカニズムは？

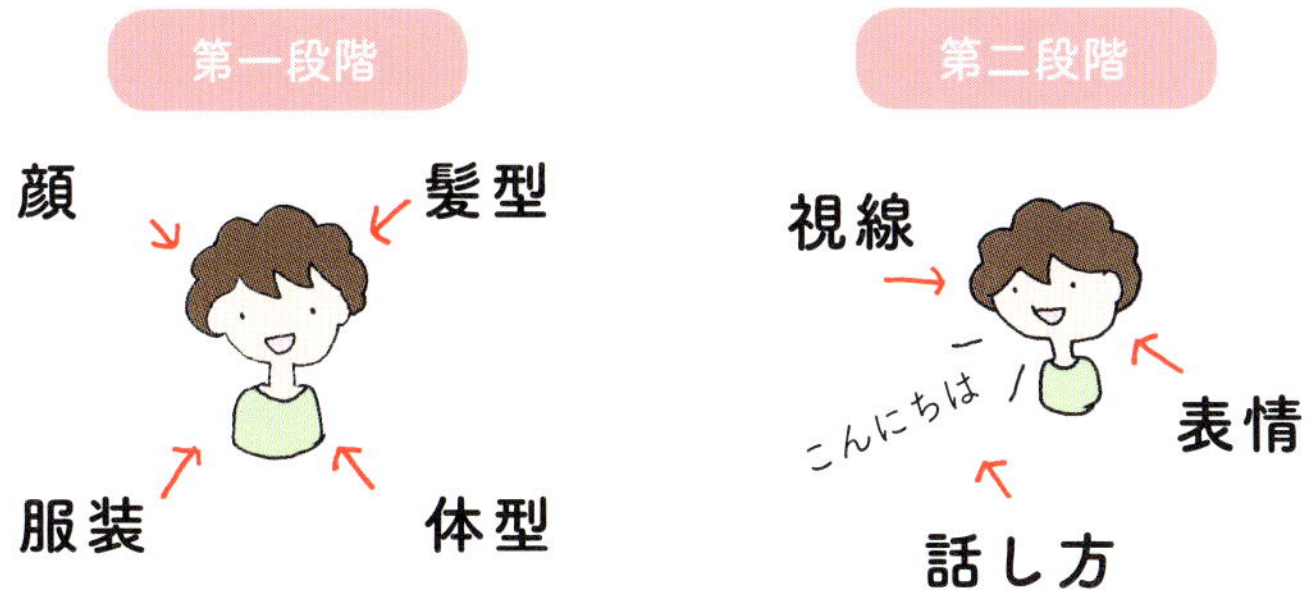

第一段階
顔
髪型
服装
体型
第二段階
視線
こんにちは
表情
話し方

第三段階
しぐさ
姿勢

最初に外見的な情報の影響を受ける。次に、感情や興味などの情報をくみとって相手の印象を作る

レッド・インプレッション効果

初対面の人に会うときは、強い意志を「赤」で表して、ワンポイントで強調することで、相手の視界に飛び込ませ、印象を刷りこむ。すると、関係の主導権を握りやすくなる

相手の心を緩める「和のランチョンテクニック」

おいしいもので、話がまとまる？

おいしいものを食べると、人は快楽を得ます。この快楽状態のときに相手から聞いた話は共感しやすく、要求は受け入れやすくなります。**心理学ではこれを「ランチョンテクニック」と呼んでいます。**

アメリカの心理学者グレゴリー・ラズランの実験で、人を集めて政治的意見を説明したものがあります。説明の途中で食事を出し、そして食後に、参加者に自分の意見について聞いたところ、食事をする前よりも後のほうが好意的な意見を持つ参加者が多かったといいます。

接待なら「和食」がおすすめの理由

さらにいうなら、一緒に食べるものは「和食」がおすすめです。それも和室の個室がベスト。

ドラマの中ではよく、政治家が料亭で密談しているシーンを見かけますが、和室には話がもれない効果があるだけでなく、心理的にもうまく機能することを知っているためかもしれません。

和室は色彩心理の見地から評価すると、極めてすぐれた配色構造を持っているといえます。

ベージュかわさび色の壁、木調の柱、そして畳など、これらの色は筋肉緊張度を示す「ライト・トーナス値」が低く、これらの色に囲まれていると人の筋肉は弛緩してリラックスします。

さらに、これらの色は反射率が約50％で、日本人の肌色の反射率も約50％なので、よく馴染むのです。**おいしい快楽にリラックスの効果が加わり、この和のランチョンテクニックは頼みごとがあるときなどにおすすめです。**

ランチョンテクニック

普通に依頼をすると拒絶される内容でも……

食事をしながらだと依頼を受け入れやすくなる心理がある

和室の心理効果

さらに和室（和室にいるときに目にするもの）の色がリラックス効果を高めてくれる。誰かに頼みごとをするなら、和室で食事をしながらするのが効果的！

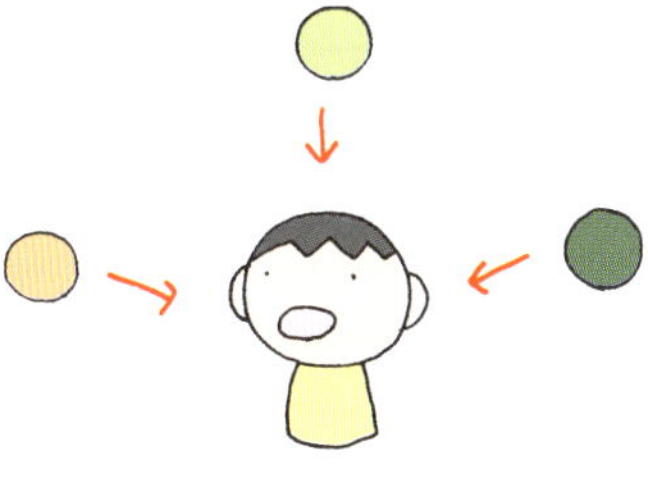

和室内で使われている色はライト・トーナス値が低くリラックスしやすい

会議で意見を通す「ファイブ・レッド効果」

提案を却下されないための策

提案をしても、いつも却下されてしまう。そんな仕事の会議、場合によっては家庭のワンシーンはよくあります。

提案は論理的にまとめる、会議の決裁者（家庭の場合は主導権を握る家族）の感覚で意見をはさめないようにすることが重要です。

ところが、それでも感覚的に決めたがる相手はいます。そんな相手を突き動かすのは最終的には「情熱」であることが多いといえます。

「赤」い色を5人に身につけてもらう

情熱を表現して相手に理解してもらうために使うのは「赤」の力です。男性ならダーク系のスーツに赤いネクタイ、女性ならワンポイントで赤いチーフや赤い小物で目に赤が入るように。コントラスト効果を狙い、わざと赤の面積を少なめにして、洋服を背景色のようにするのがポイントです。

アメリカの大統領が自らの強い意志を刷りこむため、就任式では、赤いネクタイを使うことは色彩心理の世界では有名な話です。

さらに会議では、根回しとして仲間を増やしておくことでノーといわれにくくなります。「同調」は何人によって引き起こされるかという実験では、5人が同じ行動をとると同調者がぐっと増えることがわかりました。

賛同者を事前に5人は作っておき、それぞれ赤いワンポイントを身につけた上で会議の場で賛同してもらえると、意見として無視できないイメージを作れます。この「ファイブ・レッド効果」は様々なシーンで応用できます。

意見を通すためにもっとも大切なのは？

自分の意見や案を通すのに、もっとも大切なのは……

その意見や案を通したいという強い情熱があると、相手に伝えること

ファイブ・レッド効果

その情熱に加え、会議では賛同者を５人は確保しておくことが大切。そして、５人それぞれに、赤いワンポイント（ネクタイなど）を身につけてもらうことで、無視できない意見として扱われやすくなる

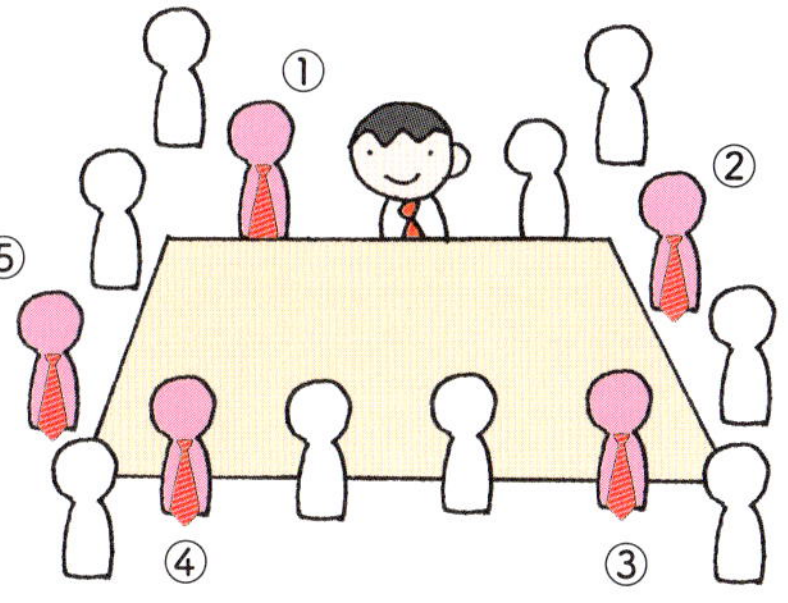

怒っている相手をなだめる「ブルーのアンガーコントロール」

◉「怒り」は色＋心理的手法で抑える

仕事でもプライベートでも、ときには相手を怒らせてしまうこともありますよね。**人の「怒り」という感情はとても強いので、色の効果だけで抑制することはできません。**心理的な手法と組み合わせて、抑制効果を生み出しましょう。

まず、相手が怒っている場合「落ち着いて」「まあまあ」という言葉は使ってはいけません。相手は怒っている自分に非があるような言い方に、かえってヒートアップしてしまうかもしれません。

自分に非があるなら丁寧に謝ること、相手が第三者に怒っているのなら「怒る気持ちはわかる」とまず相手を肯定するところからはいります。

自分が謝る場合も、ただ「ごめんなさい」を繰り返すのではなく、具体的に、「私が〇〇したから」「あなたの〇〇という思いを軽く扱った」などと自分の行動を反省していること、相手の感情を阻害したことを真摯に謝ると伝わりやすいでしょう。

◉謝罪会見は濃紺の服がおすすめ

謝罪の場所に行くなら青い服、それも濃い青の服が効果的です。青いネクタイ、紺系のスーツがよいでしょう。

青は感情を穏やかに抑制する効果があり、濃い青は「誠意」を感じやすい色でもあります。

黒い服も悪くはありませんが、自分を守る色なので、相手からは逃げているような感覚を持たれることがあります。

ピンクにも争いを抑制する効果がありますが、ピンクの服で謝罪をしても相手の感情を逆なでするだけです。

「濃い青」は鎮静効果＋誠実な気持ちの表現

「怒り」は強い感情なので、色の効果だけで抑え込むことはなかなか難しい。しかし、心理的な手法と組み合わせて、抑制効果を生み出せる

色のチカラが
効きにくい

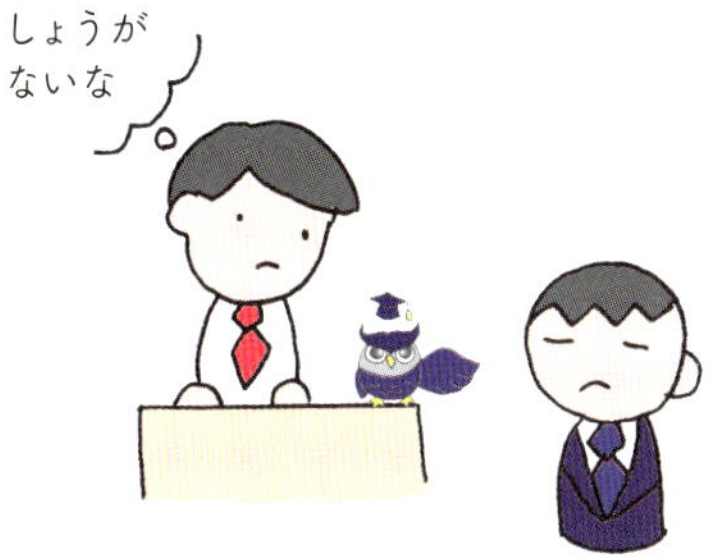
しょうが
ないな

濃い青、紺には鎮静効果があり、誠実な気持ちを表現できるため、謝罪時におすすめ

ピンクにも争いを抑制する効果があるが、ピンクの服は相手に誠意が伝わりにくい

おい!

相手に恋をさせる「カラーインプレッション効果」

どんな服でデートに行く?

どんな服を着てデートに行くかは、誰にとっても大問題です。着ていく洋服はデザインも大切ですが、色にも気を配りたいところです。

色は記憶に残りやすく、イメージを植え付けられる場合が多いといえます。相手にどんなイメージを持ってもらいたいかによって色を選べば、恋愛もうまくいきやすくなります。**こうした色の戦略「カラーインプレッション効果」を使い自分の印象をアップさせましょう。**

初デートにおすすめの色、NGな色

デートは、うまくいけば1回の勝負ではありません。数回のデートを重ねてトータルで好印象を持ってもらうことが重要です。

初デート（2回目も可）でおすすめなのは、やはりピンク。

かわいい女性のイメージを残したいなら淡いピンクです。ピンクは男性の「守りたい」という庇護欲を刺激する色です。相手の印象に強く残したい場合は、同じピンクでも赤みが入ったものを選びましょう。時間経過と共に相手の心の中にあなたの印象が鮮やかによみがえるはずです。

橙色の服を着て、まずは友人として親しみやすい距離をとってもよいかもしれません。

逆に初デートで避けたほうがよい服の色は、黒と白。黒は相手を拒絶してしまい、白は冷たい印象を持たれるリスクがあります。

2回目、3回目以降のデートでは、赤紫に近い色で官能的に刺激したり、明るく冴えた青でピュアな印象を与えるという戦略も考えられます。

デートの成功率が上がる 洋服の色彩心理秘術

1回目、2回目のデートでおすすめ

初回のデートでのNGカラーは!?

・「黒」い服→相手を拒絶してしまう
・「白」い服→清楚なイメージになる場合もあるが、「冷たい」印象を持たれる危険も

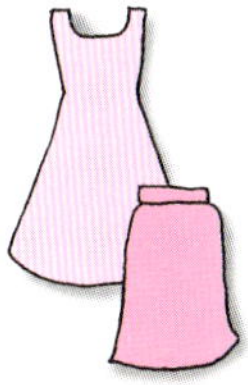

ピンク系

淡いピンクは相手の庇護欲を刺激し、守ってあげたいと思われやすくなる

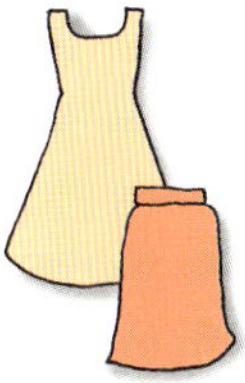

橙系

最初に友人として親しみやすい距離をとる。まずは友達から始めたいときに

2回目、3回目以降のデートでおすすめ

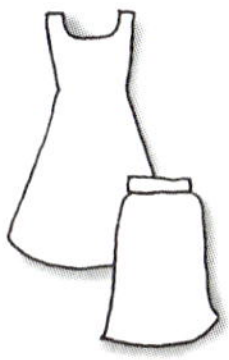

白系

途中から清楚な印象を与えることで、一気に恋心を高める効果あり

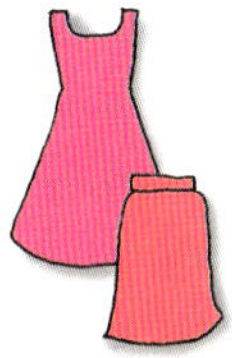

赤系

恋の進展を狙うなら赤系がおすすめ。特に赤紫に近い色で官能的に刺激する

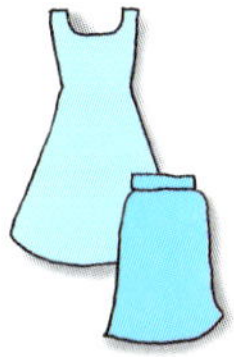

青系

青のなかでも明るく冴えた青は、ピュアな印象を与えることができる

上記は、おすすめの色のひとつ。自分らしい色を探そう

Column

ネクタイの色と柄に見る相手の性格

相手の性格と感情はネクタイの色を通して見極められることもあります。ただ男性の多くはネクタイの選択に無関心なことが多く、すべてに意味を求めるのは無理がありそうです。

日常的に赤系のネクタイをしてくる人には「やる気」を感じます。発表などの特別な場所ならば強い「意志」を感じます。黄色系のネクタイなら楽しい気持ちでポジティブな精神状態でしょう。緑系のネクタイなら調和の気持ちや控えめな意志が見えます。紫系のネクタイをしてくる強者は「人と違う」というアピールがこめられていると読めます。

またネクタイにはストライプ、ドット、小紋、チェックなどの模様があります。ペイズリー、幾何学、抽象的な柄のネクタイをしている人は注目されたい性格が眠っている可能性が高いでしょう。またネクタイの柄の色とシャツのストライプの色が合っている人は、几帳面、人から見られることを意識している承認欲求が強い性格と推測されます。

3章

色のチカラで自分を変える

あなたの性格は大切な個性。
ムリに変える必要はありませんが、
もしも今なりたい性格があるのなら、
色のチカラを借りて
性格を変えていくこともできます。
最後の章では、色のチカラで
自分を変える方法を紹介します。

色のチカラで性格は変えられる

「役割」に応じて性格は変化する

「自分の性格はそうそう変えることができない」と思っている人が多いかもしれません。しかし、じつはそんなことはありません。

たとえば、会社で後輩ができると先輩らしく振る舞おうとしたり、両親から「女性らしさ」を求められて育つと、自分を抑制して女性らしい女性を演じようとします。

会社では会社の役割があり、家に戻れば夫、妻、親、子どもなど家族としての役割があります。このように人は役割を与えられただけで性格が変化するのです。

色のチカラで、性格は変わる？

今の自分を無理矢理変えていく必要はありませんが、**もしも今、あなたが「もっとこんな性格になりたい」と思っているのだとしたら、色の力を借りるとよいでしょう。**

色彩が性格を変える理由としては、以下の3点が考えられます。

① 色は人の表層意識だけではなく、無意識の深層心理に強く働く効果がある。深層心理から考え方の変化をもたらしてくれる。

② 性格の変化に必要なのは「環境」の変化。新しい環境に変わることで新しい感じ方や考え方が生まれてくる。色の力を使うことで、自分に対して新しい変化を強く演出できる。

③ 何かの出来事に対する反応が変化すれば、対応のクセ（反応パターン）が変わる。反応の変化を色は手助けしてくれる。

色を使えば、
なりたい性格に変われる！

もしも今、あなたが「もっとこうなりたい」という性格があるなら…

↓

色のチカラを借りて、性格を変えてみよう

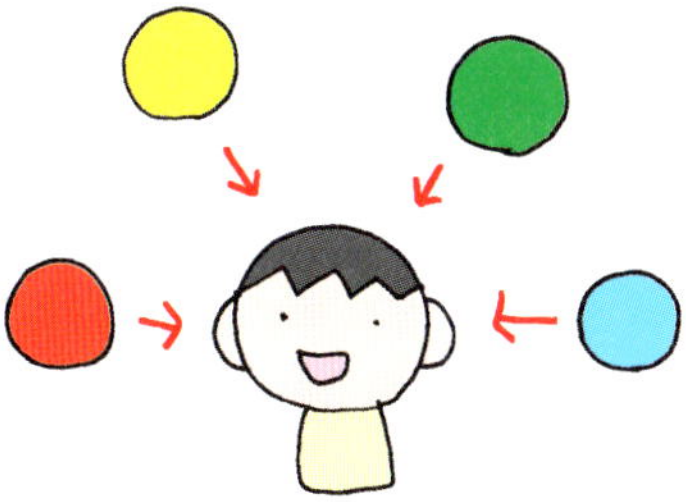

潜在意識に働きかけるような性格変化を

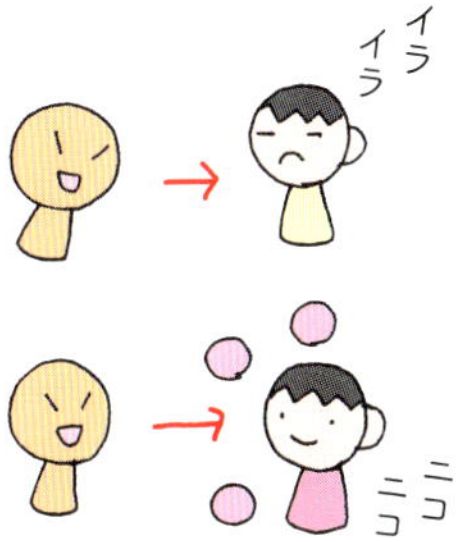

1 色は潜在意識に働きかけるもの。色を使えば心の奥から変化をもたらしてくれる

2 性格を変えるのには環境を変えると効果的に働く。環境の変化を作るのに、色を使って変わった感じを出すとよい

3 同じことを言われても「怒ったり」「穏やか」だったりと人によって反応は異なる。この反応を変えてしまうことで性格にも変化を生む。性格→反応ではなく、反応→性格も可能。この反応を変えるのに色は役立つ

性格は変わる、色の好みも変わる

変わりゆく色の好みと性格

色の好みの変化を見ても、自分の性格の変化がわかります。

たとえば、黒しか着なかったキャリアウーマンが結婚して子どもを産み、ピンクや水色が好きになることは珍しいことではありません。以前よりさらに優しい性格になったから優しい色が好きになったともいえますし、優しい色を見て優しい性格になったともいえます。

また、緑が好きだった学生が一人暮らしをするようになって橙や赤といった色が好きになり、同時に行動的な性格になることもあります。こちらも、行動的な性格になったから橙や赤が好きになったともいえますし、その逆もいえます。

色の好みと性格は相互に影響を与えていきます。

正反対の色を好きになると?

一般的に、色の好みは「青→青緑→藤色」といった寒色系の変化や、「黄色→橙→赤」といった暖色系の移行パターンが多くみられます。

ところが、「青」から突然「赤」が好きになったり、「橙」から「青緑」が好きになるなどの嗜好変化もあります。

これは性格が正反対になるわけではなく、変化を求める自然なもののひとつで、自分に不足している部分を補完する行為と考えられます。

自分の色の好みを振り返り、性格の変化について考えてみるのも、自分を理解する意味で大切な作業です。

次項目からは「なりたい性格」別に取り入れたい色を紹介します。

変化する色の好みと影響

緑
水色

クリエイティブなことが好きになり、水色が気になるようになったり

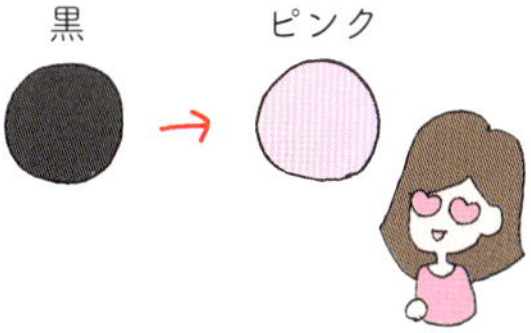
黒
ピンク

恋をして、ピンク色が好きになったり

性格が変わったから色の好みが変わったり、色の好みが変わったから性格が変わったりするんだ

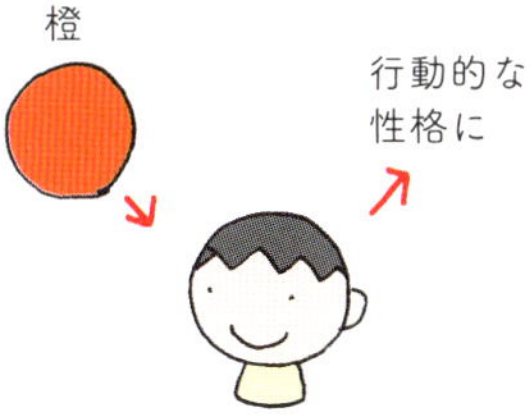
橙
行動的な性格に

反対に、橙が好きになったから行動的な性格に変わったということも

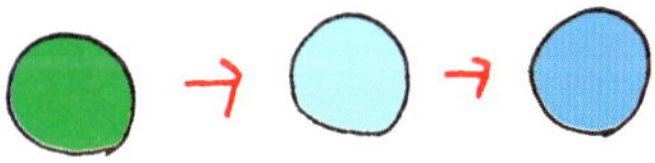

色の好みは変わる。色の好みの変化と、自分の性格の変化を見つめてみたい

自分に「自信」を持ちたいとき

◎今、自信がない人は大チャンス

自信がないからといって、自分は「心が弱い人間」「何もできない人間」と自己嫌悪に陥っていないでしょうか？　むしろ自信がないほうが物事を慎重に進めたり、謙虚な心を持つことができるのです。**そういった性格の人が自信を手に入れると、単なる自信家よりはるかに強いものとなります。**

自信がある人がよくやる「うっかりミス」や「強引で嫌われる性格」になることなく、物事を慎重に確実に進めていく力を得られるからです。今、あなたに自信がないなら、それはチャンスです。

◎赤いものを身につけて「自己成就予言」

自信の根源となるのは、プラス思考の「思いこみ」です。**このプラス思考の思いこみを作るのは「赤」の力を借りるとよいでしょう。**赤を見ていると情熱的に走り続ける「炎の猪神」の力で、自信が溢れ、行動的な性格になっていきます。

赤を取り入れるなら、身近なものがよいので、スマホケース、ハンカチなど。赤い服、赤いネクタイでもよいでしょう。

さらに効果をアップさせるには自己暗示をかけることです。「自分はできる。失敗しない。うまくいく」と鏡の前で赤いものを身につけた自分に向かって唱えるのです。同時に、成功するシーンを頭の中でイメージすることも大切です。

そうしているうちに、自分は本来そうあるべきだと思い、無意識のうちに変化することができるようになります。これを心理学では自己成就予言といいます。

自信を持つために重要な思いこみ

自信の基礎となるのは、「経験」や「準備」。
でも、一番大切なのは「できる」と思う「思いこみ」。
成功のイメージを持つこと

もともと自信家タイプ。不注意から失敗することも案外多い

もともと自信がないタイプ。自信を持つとはるかにすごい

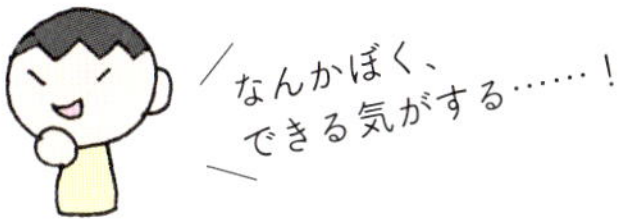

赤の力と自己暗示で成功のイメージを作る

自信を確立するには、「赤」の持つ力が有効

赤い物や服を身につけることで、無意識に自信の支えとなる

さらに自己暗示をかけ、「自分はできる」と成功するイメージを持つ

「イライラしない」性格になりたいとき

イライラの原因は、予測と現実のギャップ

様々なことに、ついイライラしてしまう人がいます。その原因は「自分の思い通りにならない」という点が大きいと考えられます。**つまり、無意識に考えている「予測（理想）」と「現実」のギャップがあるのが問題です。**

コンビニのレジに人が並んでいるだけでイライラする人は、コンビニのレジは「並ばないのが当然」と思っていませんか？　コンビニも時間帯、エリアによっては混むかもしれないと予測していると、イライラが軽減されます。

「コンビニのレジは空いているもの」「部下は指示通りに動くもの」「渋滞でも〇分でつくはず」と思っている自分の理想基準を少しゆるめるだけで、イライラすることが少なくなります。

「青」を取り入れて思慮深く、知的に変化

同時に色の力を使ってイライラしにくい性格に変えていきましょう。使う色は「青」です。

青を好むようにして、青いものを持ったり、青い服を着るようにしましょう。青の中心色からやや明るい青、水色でも効果はあります。

青が好きな人の心にいる「従順な柴犬神」は感情を冷静にする効果があります。衝動的に行動しない、調和と協調を大切にするタイプ。人に対してあまり怒りの感情を抱かなくなるはずです。

また、「勇敢なチワワ神」から、前向きに積極的に進もうとする力を借りる手も。

青は人を思慮深く、知的に変える心理効果があります。予測の範囲を広げることができ、さらにイライラの原因分析能力が高まります。

ついイライラしてしまう原因は？

イライラは「予測（理想）」と「現実」にギャップがあることでもたらされる場合は多い

コンビニのレジは混まないもの、混んでいたら他の店員さんがすぐに来るもの、と思いこんでいる

青の力と予測と原因分析

鎮静効果

イライラの抑制には「青」が効果的

明るい「青」は前を向かせてくれる色

レジは混まないもの → レジはときには混む

予測の幅を広げる

さらに、青は感情を落ち着かせてくれる

「ウソをつかない」性格になりたいとき

ウソは、使い方が問題

私たちは子どもの頃から「ウソはいけないものだ」といわれて育ちます。

しかし、すべてのウソがいけないわけではありません。大人の世界では真実を提示することが、必ずしもよいこととはいえないシーンもあります。ウソで人を元気づけたり、成長を促すこともできます。虚栄心や合理化の精神からくるウソも「自分をよく見せたい」「自分を守りたい」という思いからくるもので、その精神は成長にもつながります。問題は、その使い方だと思います。

「紺」で、誠実な心を育てる

ウソをつく理由のひとつである「虚栄心」。この虚栄心の背後にあるのは、じつは「劣等感」です。負けている、みすぼらしい自分を認めないように、ついウソをついてしまうのです。

したがって、努力を重ねて自信をつけていくと劣等感は少しずつ消えて、ウソをつく必要が薄らいできます。

こうした劣等感から自分を守り、誠実な心を育てるには「紺」などの濃い青系の色を取り入れてみてください。

紺系の色を使い、紺系の色を好きになると色神「賢者のフクロウ神」が心の中に住むようになります。賢者として振る舞い、ウソをつく必要がなくなってきます。

ウソをついてしまうのは浅い判断力からくる側面もあります。「賢者のフクロウ神」がいれば、優れた判断力と知恵を有して、ウソをつく必要がなくなるでしょう。

人がウソをついてしまう原因は？

この「虚栄心」の奥にあるのが「劣等感」。ウソで自分を高めようとしてしまう

背後にあるのは…

劣等感

よく見せたい → 虚栄心

ウソをつく主な原因のひとつに虚栄心がある

紺の力で、劣等感を克服する方法

紺の力

・優れた判断力や知恵
・誠実で安定した性格

虚栄心
劣等感

がなくなる

紺が好きな人は、性格的に安定していて、優れた判断力と精神力を持つ

紺は誠実な性格をつくるのに役立つ色。この色を取り入れるようにすると、判断力も身につき、ウソをつく必要がなくなってくる

「優しい」性格になりたいとき

「優しさ」の原点は、自分のことだけを考えるのではなく、自分も相手も大事にすることにあるのではないでしょうか。

原点は、自分も相手も大切にできること

人に「優しく」できる人になりたい、というのは多くの人がもっている希望でしょう。何をもって「優しい性格」とするかは人によって異なると思いますが、ここではざっくりと次のような性格傾向を持つ人と定義してみます。

・相手の立場に立って考えられる
・人のせいにしない
・気配り、心配りができる
・人の長所を見てあげられる
・些細なことで怒らない

私たちは何かを表現するときに、それを受け取る聞き手がいて初めてコミュニケーションが成立します。相手がどう感じるか?という部分は無視できません。

淡いピンクで優しい性格に変わる

こうした性格になるためには、ピンクの力が役に立ちます。ピンクのものを身につけたり、目にしていると、人は穏やかな性格になっていくことがわかっています。

ピンクが好きになると色神「ふわふわなパンダ神」が心の中に住むようになり、相手の立場になって考えられるようになってきます。

ピンクが好きでいつも見ているけど、自分は優しくないと感じる人は、もう少し淡く薄いピンクを選んでみてください。ピンクでも赤に近くなってくると、戦略的な部分が出てきてしまうためです。

「優しい人」の定義とは？

たとえば、

- 相手の立場になって考えられる
- 気配り、心配りができる
- 些細なことで怒らない　など

ピンクの効果で穏やかな性格に

ピンクは性格を穏やかにする効果が

ピンクの色みを淡くすると、より優しい性格に

ピンクのものを持ったり、身につけたりすることで、性格にも変化が表れる

「緊張しない」性格になりたいとき

コミュニケーションで失敗したくない心理

プレゼンの場や会議など、大勢の人の前で話すと緊張してしまう人は少なくないでしょう。人が多ければ多いほど、偉い人がいるほど、「うまく話さなくてはいけない」「間違ってはいけない」と自分を追いつめているからかもしれません。

人前であがるのは対人恐怖症の一種であり、人とのコミュニケーションで失敗を恐れていることが最大の理由です。

緊張しないように自分の感情をコントロールするためには、「思考」の改善が必要です。あがるということは、失敗などネガティブな結果を想像していることが原因となっている可能性が大きいといえます。この思考を変えて、ポジティブな発想にするのがもっとも効果的な方法です。

たとえば、自分の話にみんなが感心しているシーンや、うまく話せて拍手をもらうシーンなどを想像してみてください。

最初は「逃げの黒」として使うのもOK

そして色の力を借りるなら、黒を使いましょう。ここぞというときは黒い服を着ていくと、目立ちにくいという利点があります。会議で発言を促されたくないときなどに使うとよいでしょう。

さらに黒は自分自身を守ってくれる色であり、外部からの力を跳ね返してくれる力があります。

最初は黒に逃げていても、次第に黒を使いこなせるようになると色神「都会のペンギン神」がその強さをさらに強固にしてくれます。黒を使いこなせるのは、凛として聡明なタイプです。発言力も増し、怖いと思う気持ちが減ってくるでしょう。

人前で緊張してしまう理由

「緊張」は人の視線を気にして
失敗を恐れているから

みんなに拍手をもらっているところを想像し、「失敗しない」という自信を持てると緊張は緩和する

「自分は絶対にうまく話せる」と自己暗示をかけて、潜在意識に働きかけて力を引き出すことも効果的

黒のパワーで、まずは守る

黒は精神的に自分
を守る効果がある

人前で発言しなければならないときは、しっかりと準備（資料・練習）することも忘れないで

黒い服を着れば、外部からの力（視線）から自分を守ってくれる。そしていずれは、黒の強さを使いこなして発言力を高め、失敗への恐れを克服できる

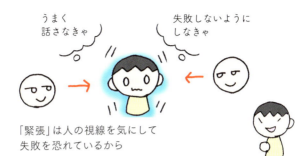

「積極的な」性格になりたいとき

積極的になるには「好奇心」がカギ

「新しいことを始めたい」「積極的に挑戦したい」と思ってもなかなか一歩目が始められない……積極的になれないのは、失敗を恐れているからでしょうか。それとも面倒くさいと思っているからでしょうか。

積極的になるために重要なのは、「好奇心」を強く持つことです。様々なものに強い関心を持ち、新しい体験を純粋に楽しめるようになると、多少の失敗も手間も関係なく「やってみよう」と思える行動力が生まれます。

人間関係においても、好奇心は大切です。人に対して好奇心を持ち、「この人はどんな人なんだろう?もっと知りたい」と感じれば、人間関係は豊かに広がっていきます。

そんなときにも、自分から相手にアプローチしていく積極性が不可欠になります。

好奇心を伸ばす、黄色を使って

この好奇心を伸ばすためには、黄色が効果的に働きます。黄色の服、黄色の小物などを身につけたり持ったりするようにしましょう。

黄色を好きになると、心の中には色神「真新しいものが好きなアルパカ神」が住むようになり、新しいものや変わったものが大好きな性格に変わっていきます。人に対してもワクワクとした目で長所を探すことができるようになるでしょう。

また赤や橙といった暖色系の色を使うと、行動力を高めてくれます。黄色いものに加え暖色系のものをアクセントとして使いましょう。

積極的な性格になるために必要なもの

積極的な性格に必要なのは「好奇心」

・知りたい
・できるようになりたい

多少の失敗も手間も関係なく
「やってみよう」という行動力が生まれる

黄色のパワーで好奇心を育てる

黄色は好奇心を
刺激する色

黄色いものを身につけると、興味が「外」に向くようになる

さらに「行動力」も刺激してくれる「橙」や「赤」を組み合わせて使うのもおすすめ

「続けられる」性格になりたいとき

「動機づけ」と「評価」が継続のコツ

貯金、ダイエット、習いごと、資格試験の勉強など、今回は絶対に続けると心に誓っても、やってみるとすぐに挫折してしまう。自分の意志はなんて弱いのだと嘆いている人も多いと思います。

ものごとを継続するためには「動機づけ」と「評価」にカギがあります。

「動機」は他人ではなく自分の中に見つけられるとよいでしょう。

「人にいわれたから」ではなく、「自分からやると決めた」と考え方を変えることが大切です。

また人は「評価」なくして、継続できない傾向にあります。手軽に結果が出るものは継続しやすいのですが、すぐに結果が見えにくいものは、挫折しやすくなってしまいます。

ゴールではなくても小さな目標達成ラインを設け、途中途中で自分にご褒美をあげると決めるのも効果的です。

オレンジで継続力を

続けられる性格をバックアップするのは橙の色です。特に運動ならばオレンジ系のリュック、クツ、Tシャツなどを持つことでより効果的に継続できるようになります。

橙の色神「社交的なライオン神」は行動力を増幅させるだけでなく、負けず嫌いになるので簡単には挫折しなくなるかもしれません。さらに行動を促進させる赤を加えてもよいでしょう。

ただし、継続したいことがダイエットの場合、橙は食欲を増進させてしまうこともあるので、食事前に見すぎないよう注意が必要です。

なぜいつも「続けられない」の？

勉強
ダイエット
運動
どうせダメだ〜

三日坊主になりやすい人は多い

靴を買ってしまったから、運動したいな

継続できたら、自分にご褒美をあげることもおすすめ。最終目標を達成しなくても、途中ライン達成でもよいので、小さな目標をひとつずつ達成していく

継続には自分からやると決める「内発的な動機」が効果的

橙のパワーと内発的動機づけ

ダイエットの場合

食前
食後

ダイエットの場合、橙は食欲増進してしまうので注意。食事前には青で食欲を抑制し、食後にはピンクを見て満足感を増すという方法も

行動力と負けず嫌いのパワー

続ける気持ちを促進するのは橙のパワー。前進力を与えてくれる

あこがれ「美人」になりたいとき

白が美人を作る心理的・生理的理由

色の力を使って外見の印象を変えることもできます。自分をより美しく見せたいなら、白を活用するとよいでしょう。これには生理的な理由と、心理的な理由があります。

生理的な理由としては、白い部屋、白い服を着ると白さが自分の顔色や姿を引き立てて若返らせ、美人になるといわれています。

また、人間の皮膚は明るさを感じとると「運動したい」という気分を誘発します。白い壁の明るい部屋で暮らしていると、運動がしたくなり、スタイルアップにつながるかもしれません。

心理的な理由として、白には美を意識するいくつかの心理効果があります。たとえば、美白の人は、外で働かなくていいから日に焼けていない「セレブな人」というイメージから、白は「セレブ美人」のイメージも。

また白は多くの国で「神様の色」という文化的背景を持っています。神秘的な色のひとつとして私たちは神聖な美しさを白に感じています。

さらに白は他の色を引き立てる演出色のひとつです。他の美しさを強調できる色であり、おのずと白自体も、美の象徴色として認識されています。

さらに等身大の鏡を使う

さらに効果を高めるためには等身大の鏡を置くことがおすすめ。鏡を見ていると鏡の前では、かわいい顔を作ろうと、目を大きく開けたり、口角を上げたり、笑顔を作ったりします。

そうした姿勢を続けていると鏡がないところでも美人顔を作る習慣ができます。

白が生み出す美意識と内分泌

白は美人をつくる色

- 「美白」「セレブ」のイメージ
- 神様などの神聖な美しさのイメージ
- 他の色を引き立て、かつ自分を引き立てる美のイメージ

ストレッチでも
しようかしら

白い壁の明るい部屋で暮らしていると、運動がしたくなる
→スタイルアップする

◉生理的な理由

- 白が自分の顔色や姿を引き立てて若返らせる
- 白の効果によって運動がしたくなり、スタイルアップにつながる

◉心理的な理由

- 白には美を意識するいくつかの心理効果が隠されている

より一層の効果を引き出すためには、全身鏡がおすすめ。美に対する意識も高まっていく

こんな効果が
期待できるよ

どんどん「運」をよくしたいとき

リラックス状態が幸運を招く

「私は運が悪い」「今日はついてない」など、運とは自分の意志と関係なくやってくるめぐり合わせであり、人や時期によって偏りがあるように思えるものです。

この運は科学的にも研究されていて、単なる偶然ではないことがわかってきています。ここでは色を使ってなんと、幸運を手に入れる方法を紹介したいと思います。

脳の活動と運がよい状態を調べたカナダのトロント大学の研究によると、運がよい人はリラックスをしてポジティブな考え方をする傾向があります。視野を広げる脳の部位が活発になり、すぐに行動ができるようになり、好機をつかみやすくなるといわれています。

「運がよくなる」状態を色でつくる

色彩的にリラックス状態になるのは、ベージュ、オフホワイト、パステルカラー、薄い緑色系などといえます。こうした色を意識的に周りに置くとリラックスでき、訪れた好機を逃さなくなるかもしれません。

また、自分の好きな色は心地よさを生むので、自分の好きな色の服を着たり、持ち物にすることはおすすめです。

さらに、幸運を招くためには、部屋にこもっているだけでなく、活動的に一歩を踏み出すことが大切。行動的になるためには、赤や橙という色を持つとよいでしょう。おすすめは赤いスニーカーや橙のコート、バッグなど。これらを持って外に歩き出しましょう。

色をうまく使えば、「運」にもよい影響が

運がいい人

リラックスできている人はチャンスをつかみやすい

運がわるい人

リラックスできていないとチャンスを逃す

リラックス状態を「色」で生み出す！

①

ベージュ、パステルカラーなどの色はリラックス状態をつくる

②

好きな色の服を着たり、好きな色を身の回りに配置することで、リラックスした状態をつくる

③

幸運をつかむには、行動が大切。赤や橙の靴、アウターで行動力を促進したい

④

さらに自分は「運がいい」と口に出すことで、無意識に運のよくなる行動をとるようになる

好きな色ごとの性格パワーアップポイント

◎この色が好きな人は、この色を加えて性格パワーアップ

3章の最後では、好きな色ごとに、どのような色を加えるとその人の性格がパワーアップするかをまとめてみました。性格は個性。本来は、よい・悪いで分けるものではありません。自分らしい性格を見つめるきっかけにしてください。

赤が好きな人

プラスする色→青

赤が好きな人は活動的で行動力があり、正義感が強いタイプです。自分が正しいと思ったことをまっすぐに貫きますが、強引な態度やものを決めつけるような言動になってしまうことも。

そんなときには、「青」がおすすめ。青いものを持ったり、青い服を着たり、男性なら青いネクタイをつけてみてください。青の協調性、調和力を取り入れると、バランスのよい性格になっていくでしょう。

ピンクが好きな人

【淡いピンクが好きな人】

プラスする色→濃いピンク　赤

【濃いピンクが好きな人】

プラスする色→淡いピンク

淡いピンクが好きな人は優しく温和な性格です。対人関係では、繊細で傷つきやすい部分がどうしても出てきます。淡いピンクが好きな人で自分が弱いと思っている人は赤に近い「濃いピンク」

や「赤」を使ったり、見たりすると精神的な強さが出て、自信がつくはず。

一方、赤に近いピンクが好きな人で計算高くなりすぎている人や、優しい性格になりたいと思っている人は、ピンクでも白に近いくらい「淡いピンク」を身につけてみるといいでしょう。

橙が好きな人

プラスする色→緑

橙が好きな人は活動的で陽気、元気なタイプです。親しみやすい性格で、仲間意識が高いといえます。一方、無用な競争心を持ってしまい、自分と他人を比較してしまったり、怒りっぽいところも。

そんな人は「緑」の色を身の回りに使うことで、緑の持つ社会性を取り入れ、人と争わない習慣を身につけるとよいでしょう。

黄色が好きな人

プラスする色→橙

黄色が好きな人は知的で上昇意欲が強い人、好奇心や研究心も旺盛で、様々なものに挑戦するタイプです。

ただし少々飽きっぽいところがあり、いろいろなことが長続きしないところもあります。

そんな人は「橙」系の色を身につけたり持つようにして、継続する行動力を加えると、さらに探究心が広がっていくはずです。

黄緑が好きな人

プラスする色→赤

黄緑が好きな人はいろいろなものに挑戦し、新しいものが大好き。もともと個性的な人や、個性的でありたいと思う人です。他者の視線や人に気を配りすぎて、精神的に疲れやすいところも。

そんな人は自分に自信をつけるために、「赤」いものを持ったり身につけたりするとよいかもしれません。

あまり色面積を広くせず、ワンポイントで使っていくと黄緑を阻害せずに赤の持つ強い力を借りることができるでしょう。

緑が好きな人

プラスする色↓ 橙 赤

緑が好きな人は社会性が強くまじめなタイプ。平和主義者で人と争うことを好みません。ところが少し依存傾向や引きこもるような部分を心の中に持っています。

そこで「橙」の色を加算して日常を過ごすことで自分から動ける力を身につけると、さらにバランスがとりやすくなると思われます。

または「赤」を加えて情熱的な部分を伸ばす方法もあります。ただ緑の人には橙、赤といった色が強すぎる側面もあり、その場合はサーモンピンク、ラベンダー、藤色といった白が入った淡い色がよいでしょう。

青緑が好きな人

プラスする色↓ 橙 黄色

感性豊かでクールに生きている青緑が好きな人は仕事もプライベートも充実しています。ただ人になかなか理解されないところが弱いところ。そのクールさは魅力的ですが、「橙」や「黄色」などを持つことで冷たさが緩和され、親しみやすい部分が増えていくでしょう。

青が好きな人

【深く冴えた青が好きな人】

プラスする色→赤 明るい青

【明るく鮮やかな青が好きな人】

プラスする色→暗めの青

深く冴えた青が好きな人は調和を重んじて、少し保守的なところがあり、いろいろなものごとについてついいじっくりと考えてしまいます。自分を抑えて相手を立ててしまいがちです。

そんな人は「赤」のような強い色のものを身につけたり、よく目にするようにして強さを手に入れ、相手の感情を大切にしながら自分の感情を出していくとよいでしょう。また、同じ青でも「明るく鮮やかな青」を持つようにしても効果あり。

一方、明るく鮮やかな青が好きな人は、少し「暗めの青」を身につけて、青のバリエーションをたくさん持つことでよりバランスのとれた性格になっていくでしょう。

水色が好きな人

プラスする色→多彩な淡い色を同時に

水色が好きな人は感性豊かで自分の気持ちを自由に表現するタイプです。クリエイティブなことが得意で表現することに長けています。反面、自分に合った環境が揃わないと力を発揮しにくい特徴があります。

そうした人は「コーラルピンク」「ピーチ」「藤色」「若草色」「クリームイエロー」といった多彩な淡い色を同時に持つとよいでしょう。

色あいは自由でもポイントはトーンを合わせることです。水色が好きな人が持つ創造性がさらに強化されていくでしょう。

紺が好きな人

プラスする色→ 黄 橙

紺が好きな人は優れた判断力と知恵を有し、性格的に安定しています。課題となるのは、人から誤解されやすい点です。

そんなタイプは自分の身近な小物や雑貨に「黄」色いもの、「橙」系のものを加えてみましょう。

そして黄、橙が持つ喜怒哀楽の力を借りて、表情を意識的に豊かに変えるようにしてください。きっと今よりも、もっと魅力的な性格になると思います。

紫が好きな人

プラスする色→ 青系の紫

紫が好きな人は他人と同じことをすることを好まず、あらゆるものに縛られず感覚的に生きています。冷静な面と情熱的な面があり、ときに自由に行動するため、なかなか人から理解されない性格です。

ひとりで行動する場合はそれを個性としてよいと思いますが、チームとしての行動が必要な場面ではなかなか難しい立場になります。

そんなときは紫の色を少し「青」系にもっていくと調和の心が湧いてきます。赤にもっていくと鋭くなるので注意が必要です。

赤紫が好きな人

プラスする色→ 紫系の多彩な色 藤色 橙

赤紫が好きな人は感覚的に優れた部分とそれを実行する行動力を持っている人です。高い理想を持ち、妥協できずにこだわりすぎたり、途中でプツっと冷めて切れてしまうことがあります。

こだわりが強すぎると感じる人は、「紫系の多彩な色」を身につけるようにしてみてください。特に「藤色」などの青系の紫がおすすめです。幅広く冷静な性格になっていきます。

冷めやすいと思う人は「橙」系の色を身につけたり、持ったりするとよいでしょう。それに抵抗がある人は橙系の小物を持つようにしましょう。

藤色が好きな人

プラスする色↓ 濃い青 紺

藤色が好きな人は感覚的な部分が強く、感性豊かなタイプです。特に人に対して優しい一方、繊細で傷つきやすい面が強くでてしまいます。

そんなときは安定面を強化する上で「濃い青」「紺」系のものを持ったり身につけたりするとよいでしょう。濃い青や紺は安定的な精神を作るのに効果的です。

白が好きな人

プラスする色↓ 青 青緑 ピンク

白が好きな人は、恋愛でも仕事でも美しい形と高い理想を持っていて、それに対してストイックに自分を律しています。理想が高いために周りの人との間に距離が生まれるかもしれません。

本来白は他の色を引き立てる効果があります。単色で使うよりは他の色を組み合わせることで、強みを得た性格へと変貌できるでしょう。

理想が強すぎると感じる人は、他の色を加えて、柔らかく白のよさを出していくことがよいでしょう。たとえば「青」や「青緑」と組み合わせるとクリアでより若々しい効果が期待できます。「ピンク」と組み合わせると女性らしく柔らかい性格が期待できます。白の強い理想主義が柔らかく包まれていくと思われます。

黒が好きな人

プラスする色→ 赤 橙 緑 青

黒が好きな人の強さは精神力です。強い気持ちで困難を乗り越えられます。ただし、こだわるあまり、全体的な調和、特に人間関係が崩れてしまうことがあります。

それをくい止めたいときは、黒い服に差し色として「赤」「橙」「緑」「青」といったワンポイントのカラーを加えてみましょう。色の力で雰囲気がガラリと変わります。「赤」がワンポイントで黒に加わるとお洒落でモダンな雰囲気を作りやすくなります。赤の割合が増えると、大胆で激しい性格へと変わります。

「緑」が加わると理知的な性格へと変貌していきます。黒に組み合わせる場合は少し深い色の緑がおすすめです。

茶色が好きな人

プラスする色→ 橙

茶色が好きな人はちょっとはにかみ屋さんタイプが多いようです。口数は多くないですが、広い心を持っていて、弱い人を助けようとする傾向にあります。一方、行動力が弱く、「待ちの姿勢」が多いのがウイークポイントになることもあります。

そんなときは「橙」を取り入れて、行動力を身につけましょう。橙の活動的で元気な一面をプラスできると、広い心に親しみやすさが加わって魅力が増すでしょう。

グレイが好きな人

プラスする色↓ 赤

グレイが好きな人は洗練された良識のあるタイプです。相手のことを考え、役に立ちたいという人がこの色を好む傾向にあります。性格の内面には慎重な部分が強くありますが、それが行動を抑制していることもあります。

そんなときは「赤」色のものを身につけたり、持ったりすることで行動力が身につき、背中をそっと押してくれるようになります。ポイントは赤の量を多くしすぎないことです。赤の量が多すぎるとグレイが負けてしまい、グレイのよさが出なくなってしまいます。グレイが8〜9に対して赤は1〜2程度のバランスがよいでしょう。

金が好きな人

プラスする色↓ 黄 橙 青

金が好きな人は運に関して（特に金運）根拠のない自信を持っています。そして同時に、強い承認欲求を持っている傾向にあります。

人生を満喫することを主眼に毎日を楽しんでいる様は人間らしく、誰もがうらやましいと思うはずです。

ここまでの領域にきていると他の色を使って改善することもないのですが、金を強調する黒や銀を持つよりは、「黄」や「橙」といった近似色でバランスをとったり、「青」いものを持って冷静さを手に入れると、さらに人間的な深みが増してきます。

エピローグ

ぼくはイロップイヤーから教えてもらったことをすぐに実践した。

すぐに効果があったのは課長との人間関係だった。

課長が赤い色を好きなことは以前からわかっていた。心の中に色神「炎の猪神」がいる人は外交的で、自分のやりたいことを突き通すタイプ。さらに沸点が低く、自分の思い通りにならないときはイライラする傾向にあるタイプなので、そこでうまく「発散」をできるように試みた。

今までのぼくは課長をなるべく避けるようにしていたけれど、自分から積極的に挨拶をし、仕事についてもアドバイスをもらうようにした。目的は「課長に話をさせること」だ。

相談を持ちかけることを何回か繰り返すうちに、課長の反応が変わってきた。そして前向きなことが好きな「炎の猪神」の特性に合わせて、ポジティブトークを心がけた。

さらに、課長の心の内を読み解くだけではなく、課長を動かせるようにも色を使ってみた。自分の意見を通したいときには、赤いネクタイをつけていった。「情熱」の証だ。効果は絶大だった。

課長と話ができるようになって、課長がぼくにイライラしていたのは、どうやらぼくが消極的で自分の思い通りの対応をしなかったからじゃないかもしれないと感じてきた。

今まで注意されることが多かったのは、自分の意志や気持ちを伝えるのが下手なぼくを鍛えようとしてくれていたのかもしれない。

人間関係が改善したのは課長との関係だけじゃない。同僚や後輩との関係もよくなったと思う。

秘密主義だったぼくだが、同僚ともいろいろな話ができるようになった。

「返報性の法則」や「オレンジ・シェイクハンド効果」を使いながら、距離を縮めてみた。ぼくは話を聞きながら相手の性格に応じて対応を変えた。自分の性格を無理に変える必要はない、対応を変えるだけだと思うとラクにできる。

別に飲みに行かなくても、休憩中に人が集まってくる。なんとなく嬉しい感覚になっていた。人付き合いは面倒だと思っていたけど、人が集まってくるのはうれしい。

彼女との関係も少し取り戻せたと思う。いつも黒い服ばかり着ていた彼女の中に強い不安感があることを知り、ぼくはとにかく彼女の話を聞くことにした。たいしたアドバイスはできないけれど、自分がつらくない範囲で彼女の話に耳を傾けるようにした。

彼女が着てくる服は、自然に色が増えてきたと思う。表情が明るくなった気がする。ふたりでイライラしていたことが信じられないくらいだ。

まるで人間関係は鏡のようである。自分が心を開くと相手も開いてくれる。自分が変わると、相手も変わる。そんなことも色はぼくに教えてくれた。

ぼくが自由に色を使いこなせるようになったら、イロップイヤーはいつの間にか、ぼくの前

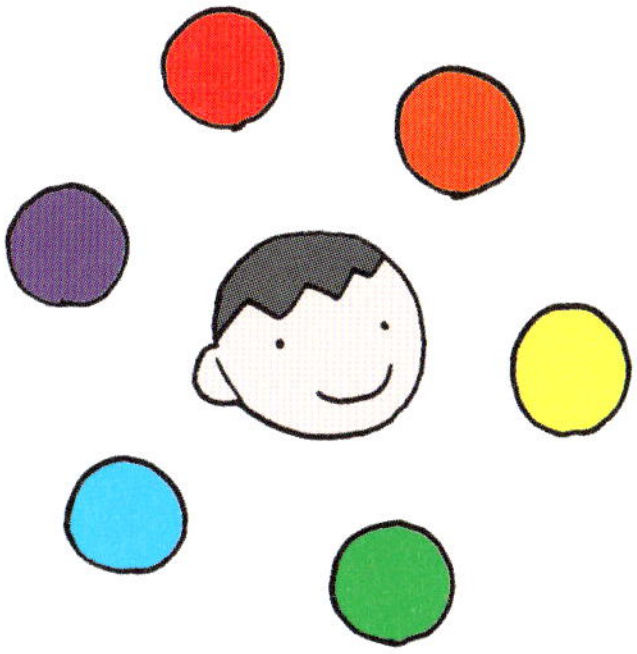

から姿を消していた。

ばあちゃんにもらった木の箱も見当たらない。もっと聞きたいこともあったが、何でも頼ってはいけないのかもしれない。

ぼくは、たくさんの色を味方にする方法がつかめたから大丈夫だ。

今まではシャツやネクタイの色まで気にしたことはなかったけれど、自分に力を貸してほしいとき、相手にメッセージを伝えたいときは意識して色を選ぶようになった。

お札が入った箱をなくしてしまったこと、今度ばあちゃんに会ったら謝ろう。ぼくはそう思っていた。

木の箱の中に半紙があり、ウサギのようなヒツジのような不思議な絵が書いてある。

その箱に蓋をすると、老婆はそれを持って、少し薄暗い和室を奥に歩いていき、襖を開けた。

もとあった場所にその箱をしまいながら、「これでよかったんかのう」とひとりごとをつぶやいている。

「彼にとってまだこれは入口じゃ。これからまだまだやってほしいことがあるからの」

どこからかそんな声がした。老人のような声にも聞こえるが姿はない。老婆は驚いた様子もなく箱をしまい終えて、押し入れから体を出した。

「アイツは意外と真面目なんだから、あんまりいじめないでおいておくれよ。アカガミサマ」

と老婆は笑顔で言った。

老婆の横、押し入れの中で、人形のような小さなものがニヤッと笑っていた。

本書の色神一覧

炎の猪神

孤高の虎神

赤 P.47

ふわふわなパンダ神

戦略的な猫神

ピンク P.53

社交的なライオン神

橙 P.59

真新しいものが好きなアルパカ神

黄色 P.65

才能豊かなメガネ猿神

黄緑 P.69

平和主義のカピバラ神

緑 P.75

洗練されたイルカ神

青緑 P.79

従順な柴犬神

勇敢なチワワ神

青 P.85

創作するラッコ神

水色 P.89

賢者のフクロウ神

紺 P.93

アートなコアラ神

紫 P.99

直感力と行動力のトビネズミ神

赤紫 P.103

繊細なウサギ神

藤色 P.107

美意識の高い白鳥神

演技派のカラス神

白 P.113

都会のペンギン神

隠れ名人のリス神

黒 P.119

はにかみつつ優しいクマ神

茶色 P.123

慎重で控えめに走る馬神

グレイ P.127

金塊を運ぶクジラ神

金 P.131

おわりに

「色」と「性格」のおもしろい関係

「色」と「性格」の間には密接な関係があり、人は特定の性格傾向があるときには共通の色を求めます。求める色がわかれば、瞬時に、人の本当の性格や深層心理がわかります。

また、その色を好み、よく使用することで、さらに色の性質によって性格が変化していきます。色は心の深いところまで影響を与えるのです。様々な経験を重ねていくと色の好みも変化し、それに呼応するように性格も変わっていくものです。

さらに、色を使えば相手を自在に動かしたり、自分の性格を意識的に変えることにも役立ちます。相手を動かす場合、色を使うと相手は動かされている感じがしません。色にはそんな不思議な力が宿っています。

本書では性格は色神《しきがみ》というキャラクターによって動かされているという世界観のもとで色と性格について解説しました。自分の中にいる色神はどんなキャラクターなのか、また相手の中にいる色神はどんなものなのかと考えてみてください。

そうすることで、自分はより自分らしくなり、今よりもっと自分を好きになることでしょう。

ちょっと苦手な相手の中にいる色神と相手を重ねてみると、案外かわいいと思えるようになるかもしれません。そんな心理効果も狙って本書を書いています。

多くの人が自分の性格を知るきっかけになったり、つらい人間関係を軽減するものになったり、日々の生活が色を通して豊かになることをポーポー・ポロダクションは願っています。

あなたの中に宿る色神はひとりではないかもしれません。二人、三人と重なっていくうちにあなただけのオリジナルの個性が生まれます。その組み合わせは無限大です。これからも色を意識しながら、色がある生活を楽しんでください。

最後まで読んでくださり、ありがとうございました。

ポーポー・ポロダクション

参考文献

『色の知識—名画の色・歴史の色・国の色』城一夫著（２０１０年／青幻舎）
『好きな色嫌いな色の性格判断テスト』フェイバー・ビレン著　佐藤邦夫訳（２００９年／青娥書房）
『色彩—色材の文化史』
フランソワ・ドラマール、ベルナール・ギノー著　柏木博監修　ヘレンハルメ美穂訳（２００７年／創元社）
『新版　日本の伝統色—その色名と色調』長崎盛輝著（２００６年／青幻舎）
『色の力』ジャン＝ガブリエル・コース著　吉田良子訳（２０１６年／ＣＣＣメディアハウス）
『「色型人間」の研究』千々岩英彰著（１９８８年／福村出版）
『色の秘密』野村順一著（２０１５年／文藝春秋）
『色々な色』近江源太郎監修（１９９６年／光琳社出版）
『マンガでわかる色のおもしろ心理学』ポーポー・ポロダクション著（２００６年／ＳＢクリエイティブ）
『マンガでわかる色のおもしろ心理学２』ポーポー・ポロダクション著（２００７年／ＳＢクリエイティブ）
『デザインを科学する』ポーポー・ポロダクション著（２００９年／ＳＢクリエイティブ）
『色神さまと色のひみつ』ポーポー・ポロダクション著（２０１２年／ＰＨＰ研究所）

PHOTOGRAPH

（P19）
Judy / PIXTA（ピクスタ）

（P27）
© Elnur - stock.adobe.com

（P57上）
ROHZAN / PIXTA（ピクスタ）

（P73上）
© monticellllo - stock.adobe.com

（P97下）
© tommypiconefotografo - stock.adobe.com

（P111上）
© machikophoto101 - stock.adobe.com

（P117上）
© biker3 - stock.adobe.com

（P175）
© haruna23 - stock.adobe.com

著者
ポーポー・ポロダクション

「人の心を動かすようなおもしろくて楽しい良質なものを作ろう」をポリシーに、遊び心を込めた企画を考え、映画・ゲーム・アミューズメント・ファッション・スポーツなど多様な業種と関わりを持ちながら、書籍などを手がけている。色彩心理と認知心理を専門とし、心理学を活用した商品開発や企業のコンサルティングなども行なう。著書に、『「色彩と心理」のおもしろ雑学』(大和書房)、『マンガでわかる色のおもしろ心理学』『マンガでわかる人間関係の心理学』『マンガでわかる行動経済学』(以上ＳＢクリエイティブ)、『パンダ先生の心理学図鑑』(PHP研究所)などがある。
ポーポー・ポロダクションのホームページ　http://paw-p.com/
ツイッターアカウント　@pawpawporoduct

デザイン:四方田　努_sakana studio
校正:有限会社玄冬書林

色《いろ》と性格《せいかく》の心理学《しんりがく》

2018年10月30日　第1刷発行

著　者　ポーポー・ポロダクション
発行者　中村　誠
印刷所　図書印刷株式会社
製本所　図書印刷株式会社
発行所　株式会社日本文芸社
〒101-8407　東京都千代田区神田神保町1－7
TEL　03-3294-8931(営業)　03-3294-8920(編集)

Printed in Japan　112181010-112181010Ⓝ01　(310036)
ISBN978-4-537-21626-4
URL　https://www.nihonbungeisha.co.jp/
©PawPaw Poroduction　2018

乱丁・落丁などの不良品がありましたら、小社製作部宛にお送りください。

送料小社負担にておとりかえいたします。

法律で認められた場合を除いて、本書からの複写・転載(電子化を含む)は禁じられています。また、代行業者等の第三者による電子データ化及び電子書籍化は、いかなる場合も認められていません。

編集担当：前川